Werner Tippelt
Bernhard Baumgartner

Niederösterreich
NORDISCH

Loipen
Schiwandern
Tourenlauf

Verlag Niederösterreichisches Pressehaus
St. Pölten – Wien

© 1984 by
Verlag Niederösterreichisches Pressehaus
St. Pölten – Wien

Zeichnungen: Werner Tippelt
Schwarzweißfotos: Bernhard Baumgartner, Werner Tippelt
Titelbild: Lackenhof/Ötscher, Fotoarchiv der Gemeinde Gaming

Gesamtherstellung:
Niederösterreichisches Pressehaus
Druck- und Verlagsgesellschaft mbH
A-3100 St. Pölten, Gutenbergstraße 12

ISBN 3 85326 729 7

INHALT

Randzahl		Seite
	Einführung	4
1	Im Wienerwald	12
21	Gutensteiner Alpen, Schneeberg, Rax	18
51	Semmering, Wechsel und Bucklige Welt	33
81	Traisen- und Pielachgebiet	45
111	Ötscherhochland	58
135	Ybbstaler Alpen	73
183	Mostviertler Alpenvorland	95
210	Donautal und südöstliches Waldviertel	104
240	Im hohen Waldviertel	118
270	Im nördlichen Waldviertel	147
296	Im Weinviertel	157
	Stichwortverzeichnis	158
	Abkürzungen	160

EINFÜHRUNG

Niederösterreich ein Schiland? Mit dieser Frage eröffneten wir 1979 unseren Führer „Schifahren in Niederösterreich" und gaben mit diesem Buch zugleich die Antwort – das Bundesland rings um Wien ist durchaus kein „niederes Österreich" und besitzt neben vielfältigen Pistenanlagen auch vorzügliche Möglichkeiten zum Tourenschilauf!
Als nun das Thema Schilauf im Verlag Niederösterreichisches Pressehaus wieder aktuell wurde, ergab sich eine geänderte Ausgangssituation. Der Pistenausbau hat seinen Höhepunkt sicherlich längst überschritten, und der Tourenschilauf beschränkt sich weiterhin auf eine sportliche Elite. Zu einer Massenbewegung entwickelte sich hingegen der Schilanglauf! Immer mehr Wintersportler aller Altersstufen beleben die Loipen und wagen sich auch in ungespurtes Gelände.
So kam es zu diesem Buch, in dem sämtliche Loipen Niederösterreichs auf neuestem Stand und größtenteils aufgrund eigener „Befahrungen" vorgestellt werden. In die Freiheit der winterlichen Natur sollen darüber hinaus die Vorschläge für Schiwanderungen und Tourenläufe führen. Die folgende Einführung hat den Zweck, einige aktuelle Aspekte dieser zu unerwarteter Beliebtheit gelangten Sportart zu beleuchten und Fehler vermeiden zu helfen, ohne allerdings Fachbücher, Schilehrer oder beratende Sportartikelhändler ersetzen zu wollen.

Langläufer leben länger!

Der Langlauf ist die Urform des Schilaufs – schon in vorgeschichtlicher Zeit dienten längliche Hölzer in den schneereichen nordischen Regionen zur leichteren Fortbewegung, und im Mittelalter kam es sogar schon zu Wettbewerben zwischen mit Schiern ausgerüsteten Jägern. Aus einem Gebrauchsgegenstand war somit ein Sportgerät geworden, dessen Verwendung im 19. Jahrhundert in der norwegischen Landschaft Telemarken zu besonderer Blüte gelangte. Aber erst Nansens Grönland-Durchquerung, sein Buch „Auf Schneeschuhen durch Grönland" erschien 1891 in deutscher Sprache, weckte das Interesse an den „Skiern" (die heftigst bekämpfte Eindeutschung „Schi" war in Niederösterreichs Schulen bis 1984 die amtlich verordnete Schreibweise!) auch in den Alpenländern, wo bis dahin nur die ungleich schwerfälligeren Schneereifen bekannt waren. Der im niederösterreichischen Lilienfeld ansässige Mathias Zdarsky baute den nur für das Langlaufen und

Springen brauchbaren „Norwegerski" schließlich zum „Alpenski" um und wurde damit zum Vater des alpinen Schisports.

Doch welch ein Widerspruch besteht zwischen dem Schilauf nach Zdarskys Idealen und dem heute üblichen Pistenfahren! Seit den späten fünfziger Jahren haben nämlich Massenmotorisierung und intensive Lifterschließung den Wintersport zu einem zunehmend auf Kollektivabfertigung und wirtschaftlichen Gewinn ausgerichteten „Schizirkus" gewandelt, dessen Auswüchse auch zur Renaissance des Langlaufes führten. Dieser war ja seit Einführung der alpinen Disziplinen in die Winter-Olympiaden (1936) zunehmend ins Hintertreffen geraten.

Gesundheitliche Schäden, wie sie im Zeitalter von Auto und Fernsehen durch Bewegungsmangel vermehrt um sich greifen, waren sicherlich die Hauptursache dafür, daß dem Schilanglauf viele Nicht-Schifahrer zuströmten. „Umsteiger" vom Alpinsport wurden wohl überwiegend durch den Überdruß am Lift- und Pistenrummel motiviert. Sie vertauschen zum Wochenende ihr alpines Gerät lieber mit dem Langlaufschi, entgehen dadurch den oftmals endlosen Warteschlangen und dem Gehetze auf den mehr oder minder glattgewalzten, „denaturierten" Pistenhängen. Längst hat so mancher Schi-Enthusiast entdeckt, mit welcher Leichtigkeit er sich ohne seine, den Rennsport imitierende, alpine „Schi(aus)rüstung" fortbewegt! Wie wohltuend das im wahrsten Sinn des Wortes „unbeschwerte" Bewegen in einer Loipenspur sein kann, beschwingt und harmonisch, körperlich angeregt und offen für die umgebende, nicht zerbaggerte Natur, muß man selbst erlebt haben! Dann wird man kaum am Vorurteil verhaftet bleiben, daß Laufen eine Plage und Gleiten ein Sport für das spätere Lebensalter sei.

Wer allerdings glaubt, sein Schiglück ausschließlich im Abfahren erleben zu können, sollte besser seinen Gewohnheiten und den sportlichen Rummelplätzen treu bleiben, wie sie Pisten heute darstellen. Auch mancher bewegungstolle Anfänger mag das Ansehen des Langlaufens trüben, wenn er blindlings und schweißüberströmt einem Herzinfarkt entgegenzustürmen scheint! Im richtigen Maß ausgeübt und vor allem im Einklang mit der individuellen körperlichen Leistungsfähigkeit ist der Langlauf aber tatsächlich ein „Gesundbrunnen". Dazu bedarf es nicht einmal der auch schon sehr verbreiteten Alternativhaltung, die sich bis auf das Essen erstreckt.

Die Loipe und noch mehr die im freien Gelände gelaufene Route sind das Reich der Individualisten. Wertvoll ist der Schilanglauf für jeden, ob er genießend einherspaziert oder sportlich beschwingt durch die Landschaft eilt! Nicht umsonst überlegen gar nicht so wenige Wintersportler, ob die beachtlichen finanziellen Belastungen für Alpinausrüstung und Liftfahrten sich eigentlich noch lohnen, oder ob mit einer ungleich weniger aufwendigen Langlaufausstattung nicht mehr Freude und Erholung erreicht wird.

Richtig gekauft und gelernt?

Auch wer sich seine Langlaufausrüstung im Fachgeschäft besorgt, sollte einige Ratschläge beachten, die ihm die Auswahl erleichtern und ihn vor Enttäuschungen bewahren können! Wer in ungespurtem Gelände laufen will, möge auch unbedingt den Abschnitt „Abseits der Loipen" berücksichtigen.

Langlaufschi: Nur mit Steighilfe (Schuppen, Kronenschliff u. a.) versehene Kunststoff-(Holz-)Schier sind mühe- und problemlos zu gebrauchen. Der Wachsschi ist zwar tatsächlich „schneller", aber nur für Rennläufer und Spezialisten sinnvoll. Wer allerdings die Mühe auf sich nimmt, in die nicht ganz einfache „Wachs-kunst" einzudringen, wird aber sicherlich durch ein ungleich höheres „Gleitgefühl" belohnt werden! Die Spannung der Schier muß auf die Körpergröße und besonders das Gewicht des Läufers abgestimmt werden. Faustregel beim Kauf – auf die Schi stellen, sodann ein unter die Lauffläche gelegtes Stück Papier hervorziehen. Es darf weder klemmen (sonst ist der Schi zu weich und gleitet nicht, da die Schuppen bei der Gleitphase bremsen) noch lose liegen (sonst greifen die Schuppen beim Abstoßen oder Ansteigen nicht).

Auch der Non-Wachs-Schi braucht Pflege, zumindest einen Spray, der das Vereisen der Schuppen verhindert. Die Gleitzone verträgt ebenfalls eine solche Behandlung, besser ist ein Gleitwachs (Spraydose mit Schwammaufsatz), am besten und dauerhaftesten jedoch bleibt das Bügeln mit einem Universalwachs für einen breiten Temperaturbereich.

Bindung: Selbst Anfänger können eine 55-mm-Norm ebenso leicht wie eine breitere Bindung benützen, die häufig bevorzugte 75-mm-Norm verhilft kaum zu einer besseren Schiführung, behindert hingegen oft in der schmalen Loipenspur! In einer Familie mit Kindern einheitlich nur eine Bindungsbreite (und damit auch Schuhbreite!) wählen.

Langlaufschuhe: Am angenehmsten sind derzeit noch immer Lederschuhe mit warmem Futter, Schafthöhe knapp über die Knöchel verhindert das Durchnässen und gibt besseren Halt (niedrige Schuhe nur für Rennläufer!). Der in die Bindung einrastende „Schnabel" darf auch bei gut biegsamer Sohle nicht zu weich sein, sonst rutscht man beim Aufkanten oder Stemmen mit der Ferse von der Trittfläche.

Schistöcke: Gute „Handhabung" vor allem durch das genaue Anpassen der verstellbaren Schlaufe! Glasfiberstöcke können bei Beschädigung durch Umwickeln mit einem Klebeband leicht wieder versteift werden, während Alustöcke nach dem Abknicken eben „ab" sind (beim Geradebiegen brechen sie meist endgültig; wichtig bei Geländelauf!).

Handschuhe: Handfläche unbedingt aus Leder (Kunststoff oder Wolle rutscht!), nicht zu dünne oder zu kurze Handschuhe ohne jegliches Futter wählen (auch wenn der Körper warmgelaufen ist, brauchen die Finger bei tiefen Temperaturen einen entsprechenden Kälteschutz). Auf einen guten

Handschuh sollte man unbedingt achten, denn die Armarbeit mit den Stöcken ist ein wesentlicher Bestandteil der Lauftechnik, und schlechte Handschuhe stören ebenso wie drückende oder zu wenig isolierende Laufschuhe!

B e k l e i d u n g : Behelfsmäßig genügt auch ein Trainingsanzug, aber keinesfalls einen Schianzug verwenden (womöglich luftundurchlässig und wattiert – das wären die besten Voraussetzungen für einen Hitzschlag!). Besonders bewährt haben sich von den Langlaufanzügen – hochgeschnittene Laufhose, die den Bauch und die Nierenpartie schützt, und Jacke mit verstärktem Vorderteil; mit dieser Kombination kann man sich am besten an die „Lauftemperatur" anpassen und notfalls die Jacke an den Ärmeln umbinden. Die angebotenen Materialien (die Zweckdienlichkeit der Verarbeitung ist leider mitunter eher theoretisch gegeben!) sind ab einer gewissen Preisklasse durchwegs hochwertig, an Wolle haftet der Schnee bei Stürzen und Schneefall recht unangenehm. Stutzen (möglichst über die Knie reichend) und Haube sollten aus reiner Schurwolle bestehen (Mischfasern könnten bei Durchnässung wie ein kalter Umschlag empfunden werden!).

W e i t e r e s   Z u b e h ö r : Leichtanorak bei schlechtem Wetter (sehr praktisch, wenn in Form einer Nierentasche zusammenlegbar), bei tieferem Schnee eventuell Gamaschen (auch in modischer Form erhältlich), Nierentasche oder Rucksack für Stärkung oder Fotoapparat (diesen sollte man wegen der Verletzungsgefahr bei Stürzen möglichst nicht umgehängt tragen). Da man beim Langlauf fast immer ins (überaus gesunde!) Schwitzen kommt, darf Reservewäsche zum Umziehen keinesfalls vergessen werden!

So gerüstet kann es ans Laufen gehen! Der geübte Alpinfahrer wird auch mit dem Langlaufschi kaum größere Schwierigkeiten haben, doch sollte er beim Umsteigen auf dieses ungewohnte Gerät doch dessen Tücken beachten – etwa die geringere Führung und den mangelnden Fersenhalt gegenüber dem Alpinschi, auf dem man ja förmlich festgeschraubt ist und daher bei unebenem Gelände, wechselndem Schnee, beim Bremsen und in Richtungsänderungen wesentlich standfester ist. Unkontrolliertes Laufenlassen, besonders im Gelände mit Hindernissen (Baumbestand, Zäune!), birgt trotz der geringeren Geschwindigkeiten beim Langlauf die größte Unfallgefährdung. Vorwärtsstürze nach Möglichkeit meiden!

Gleichgültig, ob Anfänger oder fortgeschrittener Schiläufer, der Besuch eines Langlaufkurses wird sich unbedingt lohnen. Die Technik ist leicht erlernbar, muß aber eben doch gelernt werden, um den funktionell richtigen Bewegungsablauf zu beherrschen. Selbst die besten Abbildungen ersetzen nicht die unmittelbar anschauliche Unterweisung und Haltungskorrektur durch einen Fachmann (ein Fachbuch mit seinen spezifischen Beiträgen zu lesen, kann man jedoch nur empfehlen!).

Abseits der Loipen

Das Laufen im ungespurten Schnee ist die „hohe Schule" des nordischen Wintersports. Allerdings darf man sich keinen Illusionen hingeben – die Abhängigkeit vom Schneezustand und die Schwierigkeiten bei Bewältigung des Geländes (besonders in der Abfahrt) müssen ungleich höher eingeschätzt werden als im Alpinschifahren!

Vom Verlassen der Loipenspur an systematisch steigernd, wird jeder Läufer gezwungen, eine kritische Selbsteinschätzung vorzunehmen, um sich nicht unnötig zu gefährden und die Freude an diesem herrlichen Sport zu verlieren. Einen Spaziergang im Nahbereich einer Loipe sollte aber jeder einmal versuchen, bei tragfähigem und zugleich griffigem Schnee wird man in schöner Umgebung sicherlich das Schierlebnis damit bereichern und auch Kinder begeistern können.

Schiwandern: Hügelige Gipfel- und Plateaulandschaften, Hochtäler und mäßig geneigte Forststraßen, aber auch Auwälder oder sogar unverbautes Gelände am Stadtrand bieten sich für Wanderungen auf Langlaufschiern an. Richtig ausgerüstet und bei gutem Schnee (bis höchstens knapp über die Knöchel reichendem Tiefschnee, keinesfalls zu harte oder eisig-verharschte Oberfläche) können solche Unternehmungen für auf mittelschweren Loipen erprobte Läufer keine größeren Probleme bringen.

Tourenlauf: Schibergsteigen auf Langlaufschiern (wobei der Vorteil gegenüber dem Alpinschi genau geprüft werden sollte und im Zweifelsfall dieser zu verwenden sein wird!) und touristische Unternehmen in unmarkiertem oder weglosem Gelände mit „schwierigem" Relief. Die speziellen Anforderungen bedingen erprobte Erfahrung im Alpin- bzw. Orientierungslauf, sichere Beherrschung der Langlauftechnik und vor allem Routine bei der Abfahrt auch in stärker geneigtem Gelände und bei ungünstigen Schneeverhältnissen. Wer sich diesen Anforderungen nicht sicher gewachsen fühlt, sollte sich keinesfalls an entsprechende, in diesem Buch vorgeschlagene, -Touren heranwagen!

„Graniting": In Skandinavien unternehmen Langläufer ausgedehnte Touren durch die Wälder mit Nächtigung in Schutzhütten oder Zelten, was nach der norwegischen Landschaft als „Telemarking" bezeichnet wird. Umgelegt auf österreichische Verhältnisse würde „Graniting" (nach dem in der nordischen Landschaft Österreichs, dem Wald- und Mühlviertel, verbreitetsten Gestein) das Weitwandern auf Langlaufschiern bedeuten, eine bisher noch unbekannte Art des sportlichen Winterurlaubs! Im Waldviertel kann man allerdings großteils unter Benützung von Loipen schon zwischen Gutenbrunn und Bad Harbach wandern. Die jüngste Fremdenverkehrsattraktion sind geführte Wanderungen mit Gepäcktransport, die von Bärnkopf aus eine Woche lang bis zum Nebelstein unternommen werden!

Spezialausrüstung: Neben alpiner Tourenausrüstung, je nach den Anforderungen des Unternehmens, verlangt das Langlaufgerät eine Anpassung an die schwierigeren Verhältnisse – hohe Langlaufschuhe und Schneeschutz (auf der Loipe ebenso verwendbar!), Überkleidung als zusätzlicher Wetter- und Kälteschutz (Anorak und Überhose in wattierter Ausführung sind für Abfahrten bei Bergtouren dringend zu empfehlen) und besonders Langlaufbindung mit Fersenfixierung (die dazu geeigneten Schuhe sind bereits im Handel, gleichfalls Wanderschier mit größerer Breite, Steighilfe und Stahlkanten).

Einige Loipenregeln

Loipenmarkierungen und vorgeschriebene Laufrichtung einhalten! Beim Laufen in der Doppelspur die linke Spur zum Überholen freihalten! Nach Stürzen sofort die Spur freimachen und nicht an unübersichtlichen Stellen in der Spur stehenbleiben! Die Geschwindigkeit bei Abfahrten dem Können, den Gelände- und Schneeverhältnissen anpassen! Pflicht zur Hilfeleistung und Identifizierung bei Unfällen! Alkoholkonsum höchstens im selben Ausmaß wie für Autofahrer erlaubt!
Die physiologisch bedingten Laufphasen einhalten – Aufwärmen, Steigerung und Hochleistung, Auslaufen oder entspannende Kurzgymnastik; anschließend bieten gutausgestattete Orte Umkleide- und Duschmöglichkeit oder Saunabenützung, zumindest aber sollte man die von Schnee oder Schweiß durchfeuchtete Kleidung sofort wechseln!

Forstrecht kontra Wegefreiheit?

Während sich für Loipenbenützer bei entsprechendem Verhalten kaum Probleme ergeben können, stoßen Geländeläufer immer wieder auf Schwierigkeiten – seien es Verbotstafeln, widerrechtlich angebrachte Sperren oder sogar mutwillige Anzeigen. In Stellungnahmen der Forst- und besonders der Jagdwirtschaft, die neuerdings sogar in Naturschutzkreise eingeschleust werden, tritt vermehrt die Tendenz hervor, Schifahrer für Forstschäden verantwortlich zu machen. Und sei es nur unter dem Vorwand, durch das von den Fütterungen verscheuchte Wild käme es zu größeren Verbißschäden! Was für den Alpinfahrer schon angezweifelt werden muß, kann für Langläufer um so weniger Geltung haben, denn Schäden an Jungbäumen durch Stahlkanten etwa sind doch wohl kaum anzunehmen ...
Dennoch sollten abseits der Loipen bestimmte Verhaltensregeln ernst genommen werden: Das Betreten von Forstkulturen unter drei

Meter Höhe ist unbedingt zu unterlassen! Wildfütterungen ist entsprechend auszuweichen und jedes Lärmen zu vermeiden, um das Wild nicht zu stören! Im übrigen wird ein entsprechendes Verhalten der Schiläufer den alpinen Vereinen ihre Bemühungen erleichtern, die durch das nun nicht mehr ganz neue Forstgesetz geschaffene Wegefreiheit auch durchzusetzen und weiterhin zu wahren. Befristete Sperren der für Touren üblichen Routen sollte man über die Bezirksforstbehörden überprüfen lassen (befristete Sperren wegen Waldarbeit dürfen nur während der tatsächlichen Arbeitszeit, also nicht zum Wochenende, aufgestellt sein, werden aber in der Praxis offensichtlich immer mehr zu einer Dauereinrichtung).

Bewahrt gehört die Natur sicher – vor unbelehrbaren Ruhestörern unter Schifahrern und Wanderern ebenso wie vor absperrungswütigen Jagdbesitzern und „Aussperrern", die ihre „Waldkönigreiche" von der Allgemeinheit freihalten wollen, vielleicht um dadurch ein besonderes Selbstwertgefühl zu kultivieren! Auf keinen Fall dürfen aber Schisportler für Schäden verantwortlich gemacht werden, die einer Jagd- und Forst-Unkultur zuzuschreiben sind, etwa standortfremden Monokulturen, hemmungslosem und unökologisch-unökonomischem Forststraßenbau oder unmäßig überhöhten Wildbeständen!

Zum Gebrauch des Führers

Hinter jedem Buch sollte ein Sinn, eine Aufgabe stehen – Ziel dieses Langlaufführers sei es, möglichst viel von der Freude zu vermitteln, die wir als begeisterte Alpinfahrer mit dem Langlaufen erleben konnten! Für alle Wintersportler, die bereits Gefallen an den schmalen Brettern, am Gleiten und beschwingten Dahineilen durch die verschneite Natur gefunden haben, bietet „Niederösterreich nordisch" eine Übersicht über die Langlaufmöglichkeiten Niederösterreichs. Selbst fleißige Loipenfreunde werden darin sicherlich noch viele interessante Vorschläge und Hinweise finden.

Die qualifiziertesten nordischen Zentren unseres Bundeslandes brauchen nämlich durchaus keinen Vergleich mit den bekannten Wintersportgebieten der österreichischen Alpen zu scheuen! Vor allem das Waldviertel ist eine „klassische Langlauf-Landschaft", sanft dahinwellend, wechselvoll mit ausgedehnten Hochwäldern, Wiesenhügeln und Bergbauernfluren rings um verträumte Dörfer und Marktorte; charakteristisch und einzigartig mit seinen Granitblöcken und Teichen, wie man sie sonst nur in Skandinavien findet. Das Hochland um den Ötscher bietet ein Musterbeispiel alpinen Langlaufgeländes mit Talmulden und Bergwiesen zwischen urigen Baumbeständen und überragt von einer markanten Gipfelgestalt.

Die übrigen Loipengebiete bieten Abstufungen aller Schwierigkeits- und Ausstattungsgrade sowie vielfältige Landschaftseindrücke. Sie haben für Wien und die Siedlungszentren Ostösterreichs den nicht zu unterschätzenden Vorteil der leichten Erreichbarkeit, denn ideal für die hervorragende Gesundheitswirkung des Langlaufens wäre ja die „Loipe vor der Haustür", auf der man sich täglich bewegen kann! Die Anziehungskraft Niederösterreichs für ausländische Gäste könnte ebenfalls durch das vorzügliche Loipenangebot auch in der Wintersaison belebt werden. Die voralpinen Landschaften bieten schließlich für das nordische Schiwandern, ebenso wie das Waldviertel für das „Graniting", die besten Voraussetzungen.

Die Angaben dieses Führers wurden mit möglichster Sorgfalt zusammengestellt, dennoch sei darauf hingewiesen, daß weder der Verlag noch wir als Autoren irgendwelche Haftung übernehmen können. Auch die Einhaltung forstrechtlicher Bestimmungen muß letztlich dem einzelnen Leser bzw. Läufer in Eigenverantwortung überlassen bleiben! Ergänzungen, Vorschläge und Erfahrungsberichte sind auf jeden Fall höchst willkommen.

Beim Gebrauch des Führers wäre weiters zu beachten, daß jedes einzelne Kapitel das vollständige Verzeichnis aller Loipen mit Stand 1984 und einen Abschnitt „Abseits der Loipen" enthält. Für die Loipen ergänzen einander die Beschreibungen und Planskizzen, für Schiwanderungen und Tourenläufe sind die Spezialkarten des Bundesamtes für Eich- und Vermessungswesen unbedingt erforderlich (Maßstab 1:50.000, Blattnummern sind angegeben!). Je nach den örtlichen Verhältnissen muß die Route mitunter nur nach den bezeichneten Orientierungspunkten individuell gewählt werden, da genaue Angaben nicht möglich sind. Auf die besonderen Probleme beim Laufen in ungespurtem Gelände sei nochmals ausdrücklich hingewiesen!

Bei günstigen Schneeverhältnissen wird jeder Läufer, je nach technischem Können und Trainingsstand, abseits der Loipen das intensivste Winter- und Schierlebnis finden bzw. auf den empfohlenen Loipenanlagen die Lust am Laufen und Gleiten genießen können. Das wünschen wir allen Lesern und Freunden des „sanften" Wintersports!

Werner Tippelt *Bernhard Baumgartner*

IM WIENERWALD

1 Die weitläufigen Höhenrücken, abgeflachten Bergkuppen und sanften Talmulden des Wienerwaldgebietes bieten zum Langlaufen zwar gute Voraussetzungen, doch wegen der unsicheren und oft nur geringen Schneelage werden die sportlichen Möglichkeiten stark beeinträchtigt. Die wenigen gut ausgebauten Loipen haben den Vorteil, daß sie von Wien aus leicht an einem Halbtag ausgenützt werden können.

Dagegen ist die Fülle von Schiwanderungen praktisch unausschöpflich, da man bei entsprechender Schneelage fast überall schöne Touren zusammenstellen kann, sei es durch die Wälder des Hochwienerwaldes oder im freien Wiesengelände der südwestl. Randbereiche.

Zu beachten ist, daß die Schneedecke oft nur von kurzer Dauer ist und häufig vom Wind zusätzlich beeinträchtigt wird. Nach ruhigen Neuschneefällen (es genügen schon 20–30 cm, meist nur Dezember bis Februar) muß man die seltenen Gelegenheiten ausnützen, wird aber dann durch schöne Landschaftsbilder oder reizvoll verschneite Waldwege belohnt!

Informationen:
Fremdenverkehrsverband Wienerwald
3002 Purkersdorf, Tel. 0 22 31 / 21 76.
Fremdenverkehrsverband Niederösterreich zentral
3100 St. Pölten, Tel. 0 27 42 / 33 54.

Die Zufahrten sind bei den einzelnen Loipen bzw. Touren angegeben!

LOIPEN

2 Wienerwald-Loipe:

Jenseits der Berghöhen von Breitenfurt und Kaltenleutgeben (Gemeinde Wienerwald) liegt im geschützten Talgrund der Gruberau die vom Hotel-Restaurant „Schusternazl" ausgehende Loipe, die mit Recht sehr beliebt ist und vorbildlich betreut wird. Das Gelände liegt im flachen Talboden und an den hügeligen Wiesenflächen der westl. Talseite, sonnig und etwas windgeschützt, Sh. 397–420 m.

Zufahrt – von Wien über die beiden anfangs genannten Orte oder von der Außenring-Autobahn ab Heiligenkreuz über Grub.

Ausrüstungsverleih – Hotel „Schusternazl", Sulz-Gruberau, Tel. 0 22 38 / 82 26 (Restaurant, Sauna!).

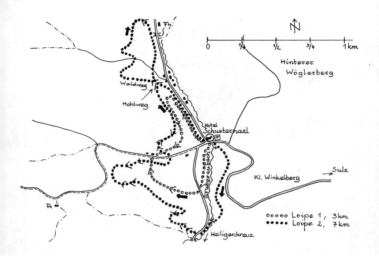

Loipe I – Lg. 3 km, leichte Runde mit einem Bogen über den westl. Wiesenhügel und einer Schleife am Gruberaubach.

Loipe II – Lg. 7 km; nach Auslaufen der Talwiese werden in vier langgestreckten Schleifen jeweils nur wenig voneinander entfernte sanfte bis mäßige Anstiege und zügige Abfahrten bewältigt, worauf man bei der letzten Biegung der Loipe I zum Ziel laufen kann oder noch in einem weiten Bogen eine gegen Großhöniggraben gelegene Wiese umrundet (nach der Abzw. ein bei starkem Andrang sehr unangenehmer schmaler und noch dazu ziemlich geneigter Waldweg für beide Richtungen!).

Zwischen den Loipenspuren gibt es reichliche Möglichkeiten zum Üben im ungespurten Schnee; für Anfänger und Fortgeschrittene geeignet.

3 Schwarzensee:

Im waldigen Höhengelände zwischen Schwarzensee am Peilstein und dem Wolfgeistberg bei Pottenstein wird durch das Sporthaus Husar aus Vöslau eine ganz hervorragende Loipe präpariert, ziemlich schneesicher, landschaftlich sehr schön mit lockeren Föhrenbeständen und Lichtungen im Laubhochwald am „Himmel", flach bis sanft geneigt in weitläufigem Wechsel, Sh. 530–560 m.

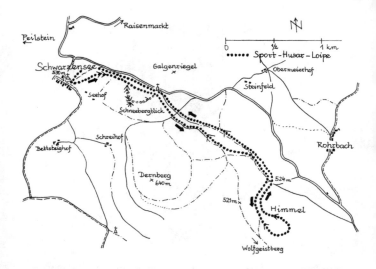

Zufahrt – von Alland oder Heiligenkreuz (Außenring-Autobahn) über Mayerling und Raisenmarkt, über Südautobahn/Leobersdorf bis Weißenbach an der Triesting und über Neuhaus.
Ausrüstungsverleih, Langlaufunterricht und Auskünfte – Sport Husar, Bad Vöslau, Wr. Neustädter Straße 8 (Herr Worsits), Tel. 0 22 52 / 73 83.

Sport-Husar-Loipe: Lg. 7 km, gespurt und mark., Rundkurs mit tlw. parallelen Strecken zwischen Schwarzensee und Himmel, leicht bis mäßig schwierig.

Wolfgeist-Loipe: Verbindungsspur vom Himmel über Rotes Kreuz zum Wolfgeistberg, insgesamt 20 km, Forststraßen im Waldgelände; bei guter Geländekenntnis wäre eine Verbindung zur Berndorfer Loipe (R 7) möglich!

Loipenverlauf: Von der Kirche in Schwarzensee über Wiesenwege zur Großauer Straße und diese ansteigend entlang bis zum Sattel bei einem Bildstock (Parkmöglichkeit an der Straße; auf halber Steigung kann rechts abzw. durch eine mittelsteile Mulde über den „Schneebergblick" der Sattel erreicht werden). Nun am rechten Rand der Lichtung weiter, bei der Dernberg-Abzw. auf einer Forststraße und hinaus auf die hübschen Lichtungen am Himmel, die weitläufig umrundet werden. Dann auf der Gegenspur meist etwas rechts abseits zum Sattel und hinab zum Ausgangspunkt.

4 Pressbaum–Pfalzberg:

Auf dem ersten Bergrücken der von Pressbaum zum Schöpfl ziehenden Höhenlinie wird durch den ASV Pressbaum die Europa-Loipe angelegt, Lg. 5,5 km, Sh. 460–550 m (nach neuesten Angaben zwei Loipen, mark. und vorgespurt, Lg. 4 km und 8 km).
Zufahrt – von Pressbaum unweit der Kirche südl. Richtung Pfalzau und rechts abzw. auf im Wald tlw. steiler Bergstraße zum Gh. auf der Berghöhe.
Ausrüstungsverleih – Gh. Stricker, Pfalzberg 5, Tel. 0 22 33 / 24 48.

Die Loipe verläuft rund um den Großen Pfalzberg, beim Gh. vorbei, und steigt in Windungen zum Sattel westl. des Kaiserbrunnberges an, der gleichfalls umrundet wird, worauf man wieder zu den Wiesenflächen nahe dem Gh. kommt; größtenteils im Wald, schöner Ausblick von den Lichtungen.

5 Klammhöhe:

In der Gemeinde Brand-Laaben wird vom Gh. Lintner auf der Klammhöhe (Tel. 0 27 74 / 45 5 13; Ausrüstungsverleih und Langlaufunterricht) eine Loipe angelegt, Lg. 6 km, Sh. 600–620 m.
Zufahrt – von Westautobahn/Altlengbach Richtung Hainfeld, beim Gh. abzw. Richtung Kaumberg.
Loipenverlauf: Von der Straße auf einem Weg in den Wald hinab und hinaus auf die Wiesenflächen beim Bruckhof, die weitläufig mit sanfter Abfahrt und langgestrecktem Aufstieg umrundet werden.

6 Kaltenleutgeben:

Das früher im Wienerwald führende Wintersportzentrum Kaltenleutgeben verfügt über sehr gute Langlaufmöglichkeiten, die allerdings durch die mangelhafte Schneelage kaum ausgenützt werden können. Vorgesehen sind zwei mark. und vorgespurte Loipen mit 4 und 7 km Lg. Schiwanderwege siehe R 12.
Zufahrt über Liesing – Rodaun am südl. Stadtrand Wiens.
Ausrüstungsverleih, Langlaufunterricht und Auskünfte – Erster Schiclub Kaltenleutgeben, Tel. 0 22 38 / 354, oder Gemeindeamt, Tel. 0 22 38 / 213.
Ellinghof-Loipe: Vom Gh. Ellinghof (Zufahrt durch Kaltenleutgeben Richtung Sulz) im Waldgelände des Hinteren Langenberges, Lg. 5 km, Sh. ca. 450 m.

7 Berndorf:

Auf den Berghöhen an der nördl. Talseite wird bei entsprechender, allerdings selten ausreichender Schneelage eine Loipe gespurt; Auskünfte – Stadtgemeinde, Tel. 0 26 72 / 22 53.
Ausgangspunkt: Zufahrt von Berndorf Richtung Vöslau, Parkplatz beim Friedhof; von der Abzw. nach Oedlitz durch das Waldgelände gegen den Wolfgeistberg, Lg. 8 km, Sh. ca. 400 m.

8 Gablitz:

Die am Stadtrand Wiens gelegene Gemeinde (Tel. 0 22 31 / 34 66-0) bietet auf dem freien Gelände um den Ramhügel (328 m) eine Langlaufloipe mit großer und kleiner Runde (ca. 3–5 km), Zufahrt von der Bundesstraße Richtung Riederberg in Ortsmitte durch die Hauersteiggasse.

R 9 bis 10 für Ergänzungen.

ABSEITS DER LOIPEN

11 Abgesehen von den wenigen, als besonders lohnend empfundenen Vorschlägen für Tourenläufe im Wienerwald, die nachfolgend genauer beschrieben sind, können wegen der großen Zahl von ebenfalls geeigneten Möglichkeiten nur einige touristische Anregungen gegeben werden:
Entlang der Höhenstraße am Wiener Stadtrand im Gebiet von Sophienalpe – Hameau – Dreimarkstein; von der Windischhütte über dem Weidlingbachtal auf den Höhen Richtung Klosterneuburg (von dort auch Zufahrt); die sanft geneigten Höhenstraßen im Anningergebiet (ab Mödling) u. a. Von den Gipfeln eignen sich auch der Schöpfl (ab St. Corona, Forststraße ab Schöpflgitter, sehr langer Übergang von Pressbaum) und der Hohe Lindkogel (auf der Forststraße aus Richtung Peilstein).
Touristisch außergewöhnlich und anspruchsvoll wäre eine Begehung des Wienerwald-Weitwanderweges Nr. 404 (nicht im kalkalpinen Abschnitt Unterberg-Hocheck!).

12 Kaltenleutgeben:

Die schönsten Schiwanderwege im stadtnahen Wienerwald mit tlw. abwechslungsreichem Gelände auf der flachen Talumrandung, großteils bez., siehe auch R 6, ÖK. 58.

a) **Wienerhütten-Rundweg:** Zufahrt von Kaltenleutgeben zur Wienerhütte; über Lattermaißberg mit einer Runde über die Hochwiese, Lg. ca. 5,5 km, Höhengelände mit geringen Neigungen, vielfach auf Waldwegen.

b) **Weitwanderung:** Von der Wienerhütte rund um das gesamte Kaltenleutgebner Tal, Lg. ca. 18 km, bei Abfahrt über Gaisberg und Eiswiese ca. 14 km.

c) **Über die Sulzer Höhe:** Vom Ortsende Kaltenleutgebens bei Abzw. zum Kreuzsattel (Schilift) auf ÖSV-Schiwanderweg den rechten Höhenrücken entlang, zuletzt steiler durch den Hochwald zur Schöffelhütte (Bergrettungsdienst, herrlicher Rast- und Aussichtsplatz; lohnend über die Wiesen zum Sulzberg, 606 m). Auf der Höhenstraße ausgezeichnetes Laufgelände Richtung See- und Kugelwiese bis zu den Föhrenbergen! Auf dem bez. Weg weiter zur Sulzer Höhe und über die „Essigmandlwiese" hinab zum Gh. Ellinghof und zum Ausgangspunkt. Nette Schiwanderung, ca. 7 km.

13 Über dem Stössingtal:

Wanderungen über die freien Höhenrücken zwischen Laaben-, Stössing- und Michelbachtal, herrliche Aussicht; Loipen nur im Tal bei **Kasten** (zwischen Furth und Stainabruck, Lg. 5 km, Gemeindeamt Tel. 0 27 44 / 212), ÖK. 57 und 56.

a) **Vom Gh. Luft** (Zufahrt von Laaben über Brand oder von Stössing) nördl. über die Bergkuppen von Bonnleiten und Pirath bis Hochgschaid, einfache Strecke 4 km, Sh. 480–603 m.

b) **Hochstraß-Runde:** Von Stössing auf Weitwanderweg Nr. 404 nur anfangs steil auf den Hegerberg (655 m), dann über den Höhenrücken von Hochstraß tlw. auf Güterwegen oder über die Kammkuppen zum Kreuzwirt am Stollberg. Über Goin mit mäßigen Abfahrten zurück nach Stössing. Touristisch hervorragend, Lg. ca. 18 km, Sh. 344–655 m.

14 Im „Wiesenwienerwald":

Herrliche Höhenwanderung über die freien Kammflächen des südwestl. Wienerwaldes, großartige Ausblicke, landschaftlich und touristisch besonders lohnend; Lg. ca. 18 km, Sh. 600–800 m, ÖK. 56.

Aufstieg tlw. etwas mühsam von Rohrbach an der Gölsen durch den Durlaß blau bez. (gleich am Waldanfang links abzw.!) über die Sattlerkapelle zur **Kukubauerwiese** (782 m, hieher auch vom Straßensattel zwischen Rohrbach und Michelbach in leichter Höhenwanderung). Dann weiter auf Weitwanderweg Nr. 404 Richtung Steinwandleiten (erstes Stück bis zur Windkreuzkapelle mit steiler Abfahrt, dorthin auch leicht auf dem bei der Sattlerkapelle beginnenden Querweg an der Westseite des Gipfels!). Die folgenden Kammflächen sind mühelos befahrbar, durch Hochwald oder über Wiesen mit geringem Höhenunterschied stets der Mark. entlang bis zur Hereregghöhe (nördl. Abzw. zur Rudolfshöhe und nach Kreisbach, rot bez.). Über dem Talschluß von Schwarzenbach mit großartigem Ausblick weiter bis zum Stadelböckhof unter der **Steinwandleiten** (zur Stockerhütte sehr steil!) und die Rametzbergstraße entlang hinab nach Kreisbach (Gh. Reinberger, Rückfahrt mit der Bahn).

R 15 bis 20 für Ergänzungen.

GUTENSTEINER ALPEN, SCHNEEBERG UND RAX

21 Das von der Bundeshauptstadt über die Südstrecke rasch erreichbare Gebiet der Wiener Hausberge umfaßt sämtliche alpine Landschaftsformen Niederösterreichs – von den auch schon im südöstl. Wienerwald auftretenden voralpinen Kammzügen über die felsgesäumten Plateauberge des Alpenostrandes bis zu den hochalpinen Berggestalten von Schneeberg und Rax. Ragen im NW des Piestingtales noch einzelne Gipfel über die dicht bewaldeten Vorberge empor – etwa Hocheck, Unterberg, Waxeneck oder Mandling –, so bilden südl. davon die plateauförmigen Massive von Hoher Wand und Dürrer Wand die touristischen Anziehungspunkte. Beherrschend im Landschaftsbild ist aber der Schneeberg, der als einzeln stehender Bergriese durch das tief eingeschnittene Höllental von der Raxalpe getrennt wird. Dieser ebenfalls 2000 m übersteigende Hochflächenberg an der steirischen Grenze steht nur scheinbar im Schatten des Schneeberges, denn gerade Langläufer könnten sich kein lohnenderes hochalpines Ziel wünschen als das weitläufige, mittels der Seilbahn leicht erreichbare Raxplateau!
Da die Niederschläge am Rand des pannonischen Beckens gegenüber den westl. Voralpen wesentlich abnehmen, bietet die Raxalpe auch das schneesicherste Gelände des Gebietes. Auf der Mamauwiese und der Hohen Wand sind die Verhältnisse ebenfalls noch günstig, von den Tallagen aber kommt für Loipen nur das oberste Schwarzagebiet in Betracht. Dort finden Schiwanderer auch einsame Waldgründe und formschöne Gipfel, die für den Langlauf erst noch entdeckt werden müssen!
Nur in diesen Lagen über 600 m Seehöhe ist „normalerweise" – etwa von Dezember bis Anfang März, auf der Rax noch weit länger – ausreichend Schnee vorhanden. Die schönen Wanderungen der Randgebiete sind wegen Schneemangels leider nur selten „belaufbar". Ein gewisser Nachteil ist die umständliche Zufahrt zu den besten Loipen und Touren, man wird also mindestens einen vollen Tag ausnützen müssen oder noch besser ein Wochenende in diesem Gebiet verbringen. Die reizvolle Landschaft bietet dazu einen weiteren Anreiz, ein Vorteil ist auch die gute Ausstattung mit qualifizierten Fremdenverkehrsbetrieben, da sämtliche Talorte als beliebte Sommerfrischen gelten (etwa die Kurorte Puchberg und Reichenau). Die lohnendsten Langlaufziele weisen auch unmittelbar anschließende Liftanlagen auf. Besonders geeignet als Loipen- und Tourenzentrum ist Rohr im Gebirge, dessen Gipfelwelt und Schneelage noch den mittleren Voralpen Niederösterreichs entsprechen, das aber mit seinen sonnigen Talböden und Föhrenwäldern auch schon an den Alpenostrand erinnert.

Informationen:
Fremdenverkehrsverband Schneeberg – Hohe Wand – Piestingtal
2700 Wr. Neustadt, Tel. 0 26 22 / 35 31-324.
Fremdenverkehrsverband Semmering – Rax – Schneealpe
2680 Semmering, Tel. 0 26 64 / 23 26.

Zufahrten: Ins Piestingtal ab Südautobahn/Wöllersdorf, weiter über Gutenstein und den Rohrer Sattel ins obere Schwarzatal (dorthin mit öffentlichem Verkehrsmittel sehr umständlich!); günstige Verbindung mit der Südbahn zum Schneeberg oder zur Rax (Reichenau über Südautobahn – Semmering-Schnellstraße, Puchberg ab Wr. Neustadt, ebenso zur Hohen Wand). Von der Westautobahn ab St. Pölten über Kleinzell ins obere Schwarzagebiet (siehe R 87) mit Weiterfahrt durch das Höllental nach Reichenau.

LOIPEN

22 Rohr im Gebirge:

Das im obersten Schwarzagebiet an der Talbiegung des Zellenbaches gelegene Kirchdorf, Zentrum der ausgedehnten und besonders waldreichen Fremdenverkehrsgemeinde (Gemeindeamt Tel. 0 26 34 / 82 01), besitzt unmittelbar am Ortsrand bei den beliebten Grieshof-Liften eine recht schöne Loipenanlage. Günstig für Schitouren im oberen Schwarzatal, gut ausgebaute Zufahrt!
Ausrüstungsverleih und Ausgangspunkt – Talstation der Grieshof-Lifte, Parkplatz unmittelbar an der Gutensteiner Bundesstraße.

Grieshof-Loipe: Lg. 5,5 km, Sh. 670–710 m, tlw. auf dem breiten und sonnigen, durch Terrassenflächen ausgeweiteten Talboden, ein Stück auch auf Waldwegen, maschinell gespurt, bei windigem Wetter nicht günstig.

Kurze Übungsschleife mit 1 km Lg. östl. auf ebenen Wiesen bis gegen den Grieshof (jenseits der Straße ungespurte Schiwanderung in den Raingraben, ca. 1 km; mit schwierigem Steilanstieg Verbindung zum Gh. Furtner [R 23] möglich, blau bez.).
Parallelspur gegen den Ort zu (Einstieg gegenüber dem Gh. Weintraube) und den Zellenbach querend flach bis zum Sägewerk. Im Bogen am östl. Talhang ansteigend und rechts entlang der Mark. um einen Waldkogel herum, wo auf dem rechts abzw. Weg noch mit leichter Neigung bis zu einem Umkehrplatz gespurt ist (Waldlehrpfad; ungespurte, schwierige Schiwanderung blau mark. Richtung Forellenhof, ca. 1,5 km).
Ein kurzes Stück zurück und steiler ansteigend zum Sattel des Waldkogels, dem eine herrliche Mulde mit mehreren Abfahrtsmöglichkeiten zum Edler-

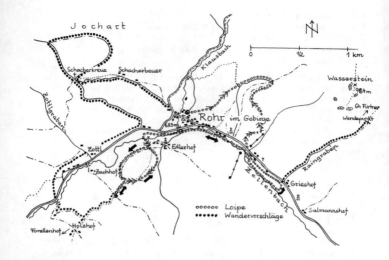

hof hinab folgt. Auf der Parallelspur zurück zum Ausgangspunkt. Für Anfänger und Fortgeschrittene gleichermaßen lohnend! Von Rohr führt über den Terrassenboden (ab Hotel) eine Loipenspur in den Graben mit der zum Wasserstein führenden roten Mark., die rechts abzw. einem Weg durch den Waldhang zum kleinen Grieshof-Lift folgt. Kurz die Piste hinab und mit einer Schleife nach rechts zum Parkplatz (2 km).

Geübte Tourenläufer können von der Forellenhof-Mark. über den Holzhof die westl. Talterrassen erreichen und auf diesen nach Rohr wandern; nach dem Zottlhof Abzw. zum Schacherkreuz möglich, etwas steile, aber sehr lohnende Umrundung des oberhalb gelegenen Kogels, siehe ÖK. 74!

23 Rohr-Furtner-Loipe:

Der durch seine schönen Liftanlagen bekannte Gh. Furtner im abgeschiedenen, schneesicheren und geschützten Fuchsgraben verfügt auch über eine recht ansprechende Loipe. Landschaftlich reizvoll auf dem von steilen Waldrändern gesäumten und mit lockeren Föhrenbeständen bedeckten ebenen Talboden. Einige wenige Seitengräben sind nicht mit Wegsperren versehen und könnten ungespurt befahren werden (siehe ÖK. 74). Lg. 3,5 km, Sh. ca. 740 m; beim Wildgehege beginnend in langgestreckter Schleife beiderseits des Talbodens Richtung Haselrast, mark. und gut gespurt.

Zufahrt – von Rohr auf der Seitenstraße Richtung Haselrast (nur leicht ansteigend), von Gutenstein auf der steilen Haselraststraße (sonntags 8–14.30 Uhr Einbahn Richtung Furtner, nachmittags umgekehrt!).
Ausrüstungsverleih – Gh. Furtner, Tel. 0 26 34 / 82 10.

24 Schwarzau im Gebirge:

Am westl. Talrand der durch den Naturpark bekannten Fremdenverkehrsgemeinde führt eine Loipenspur über die Hangwiesen, Lg. 6,5 km, Sh. ca. 650 m.
Ausrüstungsverleih – Gh. Herbert Strasser, Markt 1, Tel. 0 26 67 / 216.

25 Hohe Wand:

Auf dem vielfach bewaldeten, welligen Hochplateau mit dem stark besuchten Naturpark und mehreren gut ausgestatteten Gh. bzw. Hotelbetrieben befinden sich auch zwei mark. und vorgespurte Loipenrunden, Sh. 850–900 m.

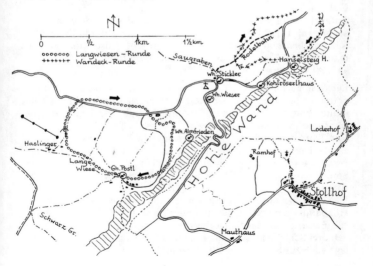

Zufahrt – vom Mauthaus zwischen Stollhofen (Gemeindeamt Hohe Wand, Tel. 0 26 38 / 82 40, nur Mittwoch!) und Maiersdorf auf der gut ausgebauten Bergstraße über die felsigen Randabbrüche zum Plateau beim Gh. Stickler; hier rechts zum Kohlröserl- und Hanslsteighaus (für Loipe b) oder links und bald wieder abzw. zum Gh. Postl und Haslinger (Schilift, für Loipe a); im Winter auch Zubringerdienst zu einzelnen Gh.!

a) **Langwiesen-Runde:** Rundkurs vom Schilift zur Bergstraße, diese rechts entlang abzw. Richtung Gh. Almfrieden und über die Lange Wiese zum Ausgangspunkt; Lg. ca. 3 km.
b) **Wandeck-Runde:** Von den Parkplätzen beim Hanslsteighaus in weitem Bogen zur Rodelbahn und oberhalb der Straße Richtung Herrgottschnitzerhaus, nahe dem Plateaurand den rot mark. Weg entlang zurück zum Ausgangspunkt; Lg. ca. 4 km.

26 Gutenstein-Mamau:

Neben einer kurzen Übungsschleife beim Gh. Denk im Klostertal (Lg. 2 km, Sh. 530 m, Ausrüstungsverleih) ist die Loipenanlage auf der hochgelegenen Mamauwiese ein besonderer winterlicher Anziehungspunkt der Fremdenverkehrsgemeinde Gutenstein (Gemeindeamt, Tel. 0 26 34 / 220; Ausrüstungsverleih – Sporthaus Gollobich, Markt 16).

Zufahrt – von Gutenstein in das Klostertal und vor dem Berganstieg im Talschluß links abzw. auf Güterweg durch den engen Klausgraben und über einen Sattel zum Gh. Wilsch auf der Mamauwiese (957 m, meist Schneeketten notwendig, Tel. 0 26 34 / 455, Ausrüstungsverleih, Wettkämpfe).

Die **Mamau-Loipe** gehört zu den landschaftlich schönsten und gut betreuten Anlagen des Gebietes, weshalb sich die Zufahrt sicher lohnt und ein Wochenendaufenthalt mit Schiwanderungen empfohlen werden kann!

Für Touristen sind auch die kaum mühevollen Z u s t i e g e zu empfehlen – vom Klostertaler Gscheid auf R 41; von Puchberg/Unternberg auf dem rot mark. Römerweg in ca. 1 Std. (auch von Sonnleiten, nach dem Wasserfallwirt rechts zum Kapellensattel am Römerweg).

Das Gelände ist vorwiegend sonnig und leicht geneigt – herrliche Höhenmulde mit einzelnen Baumgruppen unterhalb der großartigen Felsabstürze des Schneeberges, Sh. 940–1000 m; gespurt werden drei Schleifen mit 3 km, 4 km und 5 km Lg.; bei guter Schneelage auch zur Schoberkapelle! Geringe Schwierigkeit, auch für An-

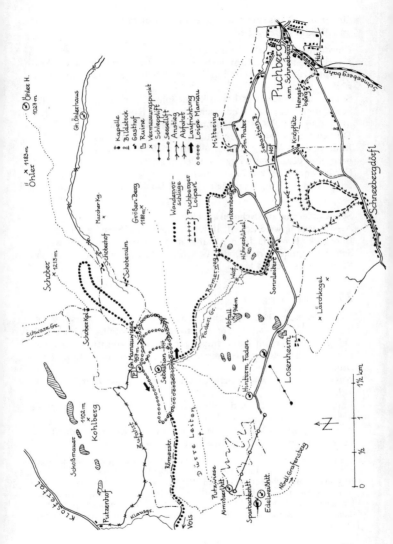

fänger und Kurse bestens geeignet, Veranstaltung von Langlauf- und Biathlon-Bewerben.

Empfohlene Laufstrecken:
Für die kleine Runde um die Sebastianhütte – vom Gh. in die Mulde hinab zur Weinfurt und in der westl. Schleife weit ausholend zurück.
Sonst vom Start westl. am Schießplatz vorbei mit herrlichem Schneebergblick zur Wendeschleife beim Römerweg (963 m, Einmündung von R 41; hier können einige Lichtungen am Fuße der Dürren Leiten noch ausgelaufen werden). Nahe dem Sebastian-Bildstock am Waldrand zur Weinfurt (935 m, Abzw. nach Puchberg) und geradeaus weiter, nun leicht steigend in die östl. Schleife. Entweder links abzw. in kürzerer Runde oder durch den Wald zum Sattel und im Bogen mit neuerlichem Blick gegen den Schneeberg zum Gh. zurück.

Schiwanderung zur Schoberkapelle:
Als Übergang wird der ca. 1000 m hohe mark. Sattel am Hang des Bärenecks benützt, dann Abfahrt in die Wiesenmulde und an der Schoberkapelle vorbei in weiter Schleife zurück über den Sattel zur Mamauwiese (ca. 4 km).

27 Puchberg:

Der Kurort am Fuß des Schneeberges (Fremdenverkehrsamt Tel. 0 26 36 / 22 01 oder 22 56; Kurmittelhaus, Hotelhallenbad, Liftanlagen) verfügt im leicht hügeligen Gelände inmitten des Puchberger Beckens über eine Loipenanlage mit zwei mark. und vorgespurten Rundkursen.
Ausrüstungsverleih – Sporthaus Kerbl, Wr. Neustädter Straße 10, Tel. 0 26 36 / 22 73.
Langlaufunterricht und Schiwanderführungen – Schischule Schneeberg, Tel. 0 26 36 / 22 05 99.
Ausgangspunkt – Maßschneiderei Dubski im Schneebergdörfl (bequeme Zufahrt von Puchberg, Tel. 0 26 36 / 21 20), Sh. 693 m.

a) **Loipe – blau:** Über die Wiesen fast eben Richtung Knöpflitz und im Bogen mit leichtem Anstieg durch den Wald zurück (Lg. 1800 m).
b) **Loipe – rot:** Wie bei a) um den Wald herum und rechts abzw. je nach Schneeverhältnissen in kurzer oder längerer Schleife zur Anhöhe bei Roßleiten. Diese westl. im Wald hinan bis zum mark. Sonnleitner Weg (720 m), dann kurze, schöne Abfahrt und in freiem Gelände zum Ausgangspunkt (3,5–4,5 km).

28 Reichenau – Rax:

Der schön gelegene Kurort am Fuß der Raxalpe (Kurverwaltung Tel. 0 26 66 / 28 65) bietet auf dem Raxplateau ausgezeichnete Schiwanderwege und eine Loipe, Lg. 3–6 km, Sh. 1560–1623 m). Das Gelände ist weitläufig und sonnig mit schönen Ausblicken Richtung Praterstern – Höllentalaussicht – Hofhalthütte. Bei Schlechtwetter (Nebel, Schneetreiben, Sturm) wegen der hochalpinen Lage keine Laufmöglichkeit!
Ausrüstungsverleih und Langlaufunterricht – Gh. Trautenberg (Tel. 0 26 66 / 489) und Schischule Fassl in Edlach (Tel. 0 26 66 / 621).
Zufahrt – von Reichenau nach Hirschwang und mit der Seilbahn zum Raxplateau (1547 m); Ausgangspunkt am Weg zum Ottohaus (1600 m).

Loipenverlauf: Vom Start Richtung Ottohaus nur leicht steigend zum „Praterstern" (1638 m, links zum Schutzhaus), von dieser Wegkreuzung nordwestl. zur Höllental-Aussicht, dazwischen eine Schleife in der Mulde. Dann im Bogen links hinab in die Hangfläche zur Hofhalthütte (1596 m) und nach Auslaufen der geneigten Wiese in Kehren zurück auf die Auhöhe und in derselben Spur zum Ausgangspunkt.

Schiwanderweg Seehütte: Vom Ottohaus auf dem wenig geneigten mark. Weg am Südrand des Grünschachens entlang zur Seehütte im Sattel nahe der Preinerwand (1648 m, 3,5 km, herrlicher Ausblick). Zurück in gleicher Spur und die Loipe entlang zur Bergstation.

A c h t u n g – wegen des hochalpinen, gefährlichen Geländes nicht von den bez. Wegen abweichen und bei Schlechtwettereinbruch rechtzeitig zur Bergstation zurückkehren!

29 Steinfeld-Loipen:

In den Föhrenwäldern des südl. Wiener Beckens werden bei entsprechenden Schneeverhältnissen lokale, stadtnahe Loipen gespurt.

Neunkirchen – Auskunft über Stadtamt, Tel. 0 26 35 / 25 31; Ausrüstungsverleih Firma Hopf, Wiener Straße 7, Tel. 0 26 35 / 41 18; Gelände am Seebensteiner Berg oder Steinaberg/Natschbach.

Wiener Neustadt – Auskunft über Sportamt, Tel. 0 26 22 /35 31 – 248; Langlaufunterricht durch Dipl.-Ing. Klaus Rudoba, Frohsdorf 107, Lanzenkirchen, Tel. 0 26 27 / 83 71; gespurt wird durch das Langlauf-Schulzentrum, Start beim Großheurigen Strebinger an der Günser Straße, Lg. ca. 5 km, Sh. 265 m.

R 30 bis 33 für Ergänzungen.

ABSEITS DER LOIPEN

35 Zwischen Triesting und Piesting:

a) **Hocheck:** Auch für Langläufer schöne Gipfeltour, Aufstieg 2–3 Std., Sh. 412–1037 m, ÖK. 57 und 75; von Altenmarkt-Thenneberg entlang der blau-rot, 404 bez. Forststraßen und Wege (Schutzhaus nur bei Liftbetrieb von Furth aus bewirtschaftet; Loipe im Tal bei Furth, Zufahrt von Weißenbach an der Triesting, Gemeindeamt Tel. 0 26 74 / 88 2 19).

b) **Waxeneck:** Ausgedehnte Waldwanderung auf abgeflachten Gipfel- und Kammlinien, bez. Wege, Lg. ca. 24 km, Sh. 324–790 m, ÖK. 75 (Pottenstein – Waxeneckhaus – Hals – Hohenwarth – Kienthalkreuz – Pottenstein).

c) **Almesbrunnberg:** Lohnende Wanderung auf den Waldgipfel nahe der Steinwandklamm, bez. Wege, Lg. ca. 6 km (einfache Strecke), Sh. 600–1000 m, ÖK. 75 (Gh. Jagasitz – Klaus – Berghof – Gipfelwiese, gleicher Rückweg).

R 36 bis 37 für Ergänzungen.

38 Unterberg:

Das weitläufige Höhengelände und der leichte Zugang machen diesen hervorragenden Aussichtsgipfel zu einem wunderschönen, aber nicht erschlossenen Langlaufziel; sportlich und touristisch äußerst empfehlenswert, gute Kondition und entsprechende Schneeverhältnisse vorausgesetzt; Gesamtlg. 14 km, Sh. 790–1200 m, ÖK. 74.

Zufahrt – für a) und e) von Rohr im Gebirge Richtung Furtnerlifte bis zum Klauswirt und auf dem Güterweg zum Gh. „Im Gries" (geringe Steigung); von Pernitz-Muggendorf ab Parkplatz Lamwegtal mit Buszubringer bis zur Liftstation und entlang der leichten Piste zum Unterberghaus (für b, c, d).

a) **Durch den Miragraben:** Vom Grieswirt durch den bewaldeten, von einer Felsklamm eingeengten Miragraben meist entlang einer Raupenspur bis zum „Bärengrabl" (Lichtung mit Kreuzung der Forststraßen). Geradeaus ziemlich steil und eng unmittelbar zum Unterberghaus (1170 m, ca. 1 Std.); oder rechts mit einer Kehre durch den steilen Graben zum Blauboden und nochmals ansteigend zum Schutzhaus; oder links wie bei c) über den Blochboden.

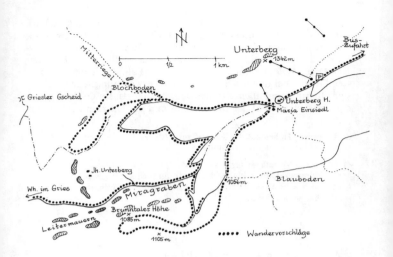

b) **Blauboden-Runde:** Vom Unterberghaus an der Kapelle vorbei den Weg entlang und am Waldrand mäßig bergab zum flachen Blauboden (1056 m), der nahe dem rechten Rand überquert wird (bei der Walddurchfahrt rechts Forststraße hinab zum Bärengrabl). Nach dem Wäldchen links hinauf zu einer Lichtung der Brunntaler Höhe, die im Bogen umrundet wird, und die Spur kreuzend in kurzer Abfahrt wieder hinab in den tieferen Boden. Nun aber rechts haltend, am südl. Bergrand entlang, bis durch lockeren Fichtenbestand wieder in Gipfelrichtung der Blauboden erreicht und in der Ausgangsspur zur Kapelle angestiegen werden kann (4,5 km).

c) **Blochboden-Runde:** Vom Unterberghaus unterhalb des Gipfelliftes vorbei auf einen oft bizarr verwächteten Fahrweg (gelb-rot mark. Weitwanderweg Nr. 404), der, einen steilen Waldhang querend, zum Blochboden führt. Im Sattel mündet über den linken Waldkogel mit Almstall die Forststraße aus dem Bärengrabl ein! Nun geradeaus weiter bis zum Kamm (1201 m, schöner Rückblick zum Gipfel, der vom Gipfellift aus eine rasante Abfahrt bietet; voraus Jochart, links Göller- und rechts Reisalpengruppe).

Die Kammfläche wird wellig bergab gegen SW weiterverfolgt, bis sie sich einengt und in einen schmalen Rücken mit schönem Blick auf die felsigen Abstürze über dem Miragraben übergeht (1100 m). Hier zweigt scharf links durch den Fichtenforst ein Fahrweg ab, der auf die weite Wiesenfläche oberhalb eines Jagdhauses hinausführt. Leicht ansteigend an einem Weißdornbaum vorbei zum Rand des „Wilden Grabens" und auf dem Fahrweg in dessen obersten Grund (bei hoher Schneelage und Verwächtung sehr abschüssige Querung und allenfalls Schneebrettgefahr!). Im Graben steiler aufwärts zum Sattel am Blochboden und zurück zum Schutzhaus (5,5 km).

d) **Unterberg-Höhenlauf:** Unterberghaus – Blauboden – Bärengrabl – Blochboden – Unterberghaus (10,5 km).

e) **Unterberg-Marathon:** Grieswirt – Miragraben – Bärengrabl – Blochboden – Unterberghaus – Blauboden – Miragraben – Grieswirt (14 km, Höhenunterschied im Aufstieg 500 m; sportlich und landschaftlich hervorragend, aber sehr anspruchsvoll!).

39 Im „Schwarza-Gebirge":

Im Quellgebiet der Schwarza, zwischen Schwarzau im Gebirge und Kalter Kuchl, sind mehrere interessante Langlaufmöglichkeiten zu entdecken, die wegen der Sh. über 600 m auch ziemlich schneesicher, allerdings ungespurt sind; sportlich und touristisch bemerkenswert, für unternehmungslustige Schiwanderer sehr zu empfehlen! ÖK. 74.

a) **Werasöder Wiesen:** Ebenflächige Wiesengründe entlang der Grünen Schwarza und ihrer Seitengräben, durch steile Waldhänge geschützt, bei schönem Schnee sehr gut zu laufen, völlig unschwierig; Lg. 6,5 km (einfache Strecke), Sh. 700–747 m, eine ungemein lohnende, überraschende Möglichkeit!

Zufahrt – vom Gh. Kalte Kuchl Richtung Ochsattel bis zur Werasöder Brücke (höchster Punkt!); vom Gh. Gschaiderwirt (5 km von Schwarzau Richtung Rohr) auf der bestens geräumten Seitenstraße bis zur Straßenkreuzung Tiefental (tiefster Punkt, Parkmöglichkeit am Straßenrand Richtung Ochsattel).

Man spurt zwischen Bach und Straße auf dem schmalen Wiesenstreifen, der nur durch den Auswurf der Schneefräsen etwas beeinträchtigt sein kann. Zuerst die Ochsattel-Straße entlang bis zum Forsthaus Ochbauer (Wildfütterung), kurz vorher links kleine, leicht ansteigende Runde in ein romantisches Seitental. Etwa auf halber Strecke beim Wegweiser des Mariazeller Weitwanderweges Nr. 206 nordöstl. im Seitental der Werasöder Wiesen leicht steigend bis zum schönen Landhaus Weraröd. Auf derselben Spur zurück zur Tiefentalkreuzung, insgesamt 8 km. Nun kann man noch, dem Mariazeller Weg folgend, entlang der Forststraße durch den Finstergrund (Dürre Schwarza) bis zum Anstieg vor Hochreit laufen (2,5 km).

b) **Ochsattel – Geißrücken:** Ein Langlaufmarathon zwischen Traisen- und Schwarzatal; ausgedehnte, an den Waldhängen verlaufende Forststraßen mit ziemlichen Höhenunterschieden; Gesamtlg. der Rundtour 18,5 km, Sh. 820–900 m; interessante Ausblicke!
Vom Gh. Ochsattel (820 m, Zufahrt über Gutensteiner Bundesstraße von Rohr, Kalte Kuchl oder St. Aegyd) gegenüber auf der Forststraße am Tettenhengst vorbei zum Schloß Hochreit (Sattel 890 m, 4 km). Kurz hinab in den Finstergrund (780 m, Zustieg von Tiefental) und links abzw., vor allem anfangs stark steigend zum Trauchberg (900 m) und in ziemlich gleicher Höhe, den Roßkopf und Haselstein entlang zur roten Mark. (Schwarzau/Gh. Roßböck – St. Aegyd), diese rechts hinauf zum Geißruck-Sattel (900 m, bisher 10 km). Nun rechts abzw., entlang der Mark. des Mariazeller Weges an der Westseite der genannten Gipfel in wechselnder Neigung bis zur Hochreitstraße und auf dieser oder auf dem kurz vorher rechts steil abzw. Abkürzungsweg zum Sattel und Schloß Hochreit (bisher 14,5 km). Auf Anfangsspur zurück zum Ochsattel.

c) **Grössenberg:** Forststraße auf das weitläufige Bergplateau zwischen Kalter Kuchl und Tiefental; Ausgangspunkt am Sattel der Gutensteiner Bundesstraße, der vom Gh. Kalte Kuchl Richtung Ochsattel folgt; mäßig geneigt bis zum Bergrand über der Trauch, Lg. 5 km (einfache Strecke), Sh. 800–1040 m.
Auch die gegenüber zum **Hegerberg** verlaufende Forststraße kann gut belaufen werden; vor allem im ersten Teil bis zur großen Waldwiese sehr lohnend mit schönem Ausblick zum Gippel (1,5–2,5 km).

d) **In die Pax:** Vom Gh. Gschaiderwirt (siehe a) zweigt rechts die rote Mark. ab, die durch das Paxtal zum Handlesberg führt. Der idyllische, von Wiesen bedeckte Talgrund verläuft bis in den Talschluß der „Alm" kaum geneigt und bietet eine sehr hübsche Langlaufwanderung. Lg. 4 km (einfache Strecke), Sh. 643–721 m. Anfangs nicht auf der Straße am Forsthaus vorbei, sondern gleich entlang der Mark.!

40 Dürre Wand:

Touristisch hervorragende, aber schwierige Überschreitung als Rundtour von Miesenbach; nur für konditionsstarke und orientierungssichere Läufer, Lg. 13 km, Sh. 720–1222 m (ÖK. 75, tlw. bez., aber auch unwegsames Gelände).

Zufahrt – von Miesenbach (Gh. Hornung) auf steilem Güterweg durch den Haselgraben zum Haus Tiefenbach (allenfalls mit Schneeketten).

Routenverlauf: Haselbauer – Plattenstein – Katharinenschlag – Öhlerhaus – Richtung Haltberg – Blättertal – Hangwiese – Forststraße – flacher Waldboden (870 m) – Tiefenbacher (siehe auch – Baumgartner B., Gutensteiner Alpen und Hohe Wand!).

41 Mamauwiese am Schneeberg:

Leichte Schiwanderung zu den Loipen auf der Mamauwiese, sehr lohnend; Lg. ca. 4 km, Sh. 713–963 m (Besteigung des Kuhschneebergs möglich), ÖK. 74 und 75.

Ausgangspunkt – Postautohaltestelle Wegscheidhof an der Straße von Gutenstein über Vois nach Schwarzau.
Auf der roten Mark. (öffentlicher Weg, Sperren unzulässig!) die zeitweise ein Stück geräumte Forststraße entlang ansteigend bis zur Bergecke an der Trenkwiese (902 m, die rote Mark. benützt einen kürzeren Weg, leichter auf der weiter ausholenden Römerweg-Forststraße!). Nun flacher zur Putzkapelle, über die Forststraße und im Bogen kurz hinein in den Nesselgraben, dann in langer Querung auf der breiten Forststraße ansteigend weiter bis zu deren Kehre. Weiter führt der Römerweg durch Wald- und Schlaggelände leicht steigend zur Mamauwiese, die an der westl. Kehre der Loipe erreicht wird. Links weiter zum Gh. Wilsch; nach der Loipenrunde auf derselben Spur zum Ausgangspunkt, tlw. rasante Abfahrt.

Beim Rückweg kann auf der links abzw. Forststraße (meist Schispuren der Schneebergtouristen!) die Trenkwiese ausgelaufen werden. Landschaftlich sehr schön, von der Fütterung den nötigen Abstand halten!
Auf den **Kuhschneeberg** bleibt man auf der die Trenkwiese entlangführenden Forststraße, die in weiten Kehren durch den Kaltwassergraben ansteigt. Auf der Berghöhe rechts entlang der grünen Mark. nordwestl. bis zum Saukogel (1545 m), Abfahrt auf derselben Route. Als Zugang kann auch der Sessellift von Losenheim verwendet werden, wo man von der Sparbacher Hütte gelb mark. zur Forststraße quert. Hochalpine Tour, nur für sehr erfahrene Schibergsteiger bei sicheren Schneeverhältnissen, dann allerdings ein großartiges Unternehmen!

42 Grünbacher Berge:

Schöne Höhenwanderung vom Grünbacher Sattel zum Kettenlußgebiet (Gelände der geplanten Schrattenbacher Loipe); bez. Wege, Lg. ca. 8 km (einfache Strecke), Sh. 663–783 m; nur für touristisch gewandte, ausdauernde Läufer; allenfalls Abfahrt nach Würflach, 1,5 km auf der Straße nach Willendorf (Bahnverbindung zum Grünbacher Sattel), ÖK. 75. Ausgangspunkt – Reitzenberg, 1,5 km auf Straße vom Grünbacher Sattel.

43 Auf den Gahns:

Das südöstl. Vormassiv des Schneebergs bietet ein bemerkenswertes touristisches Unternehmen – nur mäßig schwierig, aber große Ausdauer und günstige Schneeverhältnisse (fester Grundschnee mit geringer Neuschneeauflage) erforderlich. Zustiege anstrengend, im Höhengelände vorzüglich zum Langlauf geeignet, Lg. bis 35 km (!), Sh. 663–1381 m, ÖK. 105 und 104.

Zufahrt – von Ternitz nach Pottschach und rechts abzw. über Vösthof und Bürg nach Gasteil.

a) **Zustiege:** Bei der Kreuzung vor dem Sägewerk rechts auf Forststraße, meist geräumt und nur bei Neuschneeauflage befahrbar, 6,5 km bis zur Kaiserwiese; einzige und bei seichtem Tiefschnee lohnende Abfahrtsmöglichkeit!
Oder nach dem Sägewerk rechts rot mark. zum Kammrücken vor der Pottschacher Hütte und den Karrenweg im Föhrenwald tlw. steil hinauf zum Beginn des flachen Höhengeländes (1047 m). Vom folgenden Weg grün mark. rechts zur Forststraße nach der Kaiserwiese (1½–2 Std., landschaftlich sehr hübsch, großteils zu Fuß – eher bei geringer Schneelage in den tieferen Regionen!).

Oder von der Haltestelle Baumgartner der Schneebergbahn über Krummbachsattel, Osthang des Krummbachsteins, Alpleck und Lackabodenhütte (rot mark.; neue Forststraße!).
Leichteste Zugangsmöglichkeit, durch die das ideale Gahnsplateau für sportliche Langläufer besonders interessant wird!

b) **Über die Bodenwiese:** Vom Jagdhaus Kaiserwiese auf der Forststraße flach über die Hübelwiese und hinab zur ausgedehnten Almmulde der Bodenwiese. Hier links zur Waldburgangerhütte (1182 m, herrliche Aussicht ins Reichenauer Tal und zum Semmering). Lg. im Höhengelände 8–10,5 km, einfach mit mäßigen Neigungen, Abstecher zum Jagdhaus „Bürschhof am Gahns" möglich.

c) **Hallerhaus und Feuchterberg:** Von der Bodenwiese (1143 m) im nordwestl. Abschnitt auf der Forststraße in das Seitental ansteigend (Abzw. zum Bürschhof) und im Bogen links über einen Sattel (1215 m) hinweg in das Tal oberhalb der Eng (Abzw. zur Lackabodenhütte). Auf der Straße am Hangfuß des Krummbachsteins allmählich steigend zum Hallerhaus (1250 m, ca. 7 km). Auf der südl. weiterführenden Forststraße im Bogen den sanften Rücken hinauf zum Feuchterberg (1381 m, 2 km, hervorragender Aussichtspunkt). Zurück auf derselben Route.

44 Rund um den Sonnleitstein:

Großartige Langlauftour für ausdauernde und erprobte Schiwanderer, vorwiegend auf Forststraßen, aber tlw. schwierige Orientierung (ÖK. 104, 103, 73 und 74); Lg. ca. 27 km, Sh. 615–1330 m; empfehlenswert als zweitägiges Unternehmen, schöne Landschaftsbilder und äußerste Einsamkeit!

Zufahrt – durch das Höllental, beim Gh. Singerin abzw. bis Hinternaßwald (Endpunkt der Tour 4 km talaus in Naßwald beim Oberhof).
Routenverlauf: Hinternaßwald – Kaisersteig – Ameiswiese – Steinalpl – Neuwald (ca. 12 km, blau bez., Gh. Leitner) – Katzensteiner – Grasgraben – Jagdhaus Waldebenhütte – Kaltenecksattel – verwirrende Forststraßen hinab in den Schwarzriegelgraben (nicht bei Lawinengefahr!) oder Umrundung des Kl. Sonnleitsteins – Kotgraben – Heufuß – Oberhof (unbez.).

45 Über die Raxalpe:

Hochflächenwanderung mit mäßigen Neigungen, bei Schönwetter kaum schwierig (besser bei weichem Firnschnee!), aber hochalpine Verhältnisse, keinesfalls bei unsicherem Wetter; Lg. 12–18 km, Sh. 1547–2007 m; Spezialkarte und Kompaß (ÖK. 104) empfehlenswert!

a) **Zur Heukuppe:** Auf dem Schiwanderweg vom Ottohaus zur Seehütte (1648 m), westl. hinauf zum Trinksteinsattel (1850 m) und jenseits links haltend zum Schneekogel hinab und entlang des Verbindungsweges (vom Habsburghaus) zum Karl-Ludwig-Haus (1804 m). Ziemlich steil hinauf zur Heukuppe (2007 m, ca. 9 km), zurück auf derselben Route.

b) **Auf die Scheibwaldhöhe:** Wie bei a) zum Trinksteinsattel und nordöstl. am Dreimarkstein vorbei ansteigend auf den 1943 m hohen Gipfelpunkt in der Mitte des Raxplateaus (ca. 6 km).

R 46 bis 50 für Ergänzungen.

SEMMERING, WECHSEL UND BUCKLIGE WELT

51 Um die Jahrhundertwende galt „der Semmering" als führender Höhenkurort der österreichisch-ungarischen Monarchie, und dies nicht zuletzt wegen der Möglichkeiten, hier Wintersport zu betreiben. Trotz der vielfältigsten Veränderungen wurzelt in dieser Tradition auch die jüngste Entwicklung der Fremdenverkehrsgemeinde – was für die Wiener Schifahrer noch vor wenigen Jahrzehnten die „Norwegerwiese" in Kaltenleutgeben war, ist heute etwa Semmering mit dem Hirschenkogel!

Die leichte Erreichbarkeit mittels Bahn und Straße zog selbstverständlich einen Massenzustrom nach sich, der wiederum ein Überwuchern von Liften und Pisten auf engstem Raum zur Folge hatte, nicht umsonst weist der nahe Ort Spital eine unglaubliche „Liftdichte" auf. Das Hinterland des Semmerings (im geographischen Sinn!) erlebte in bescheidenerem Ausmaß dieselbe Entwicklung, die Wechsellifte in Mariensee gehören neben Gemeindealpe, Hochkar und Ötscher sogar zu den alpinen Schihöhepunkten Niederösterreichs; die Zufahrt dorthin ist allerdings nur für Autofahrer günstig.

Den Langläufer wird vor allem interessieren, ob die nordische Erschließung mit dem „Pistenrausch" Schritt halten konnte bzw. ob die Wintersportorte dem Trend zum Langlauf Rechnung getragen haben. In dieser Hinsicht zeigten in letzter Zeit die Anstrengungen der Gemeinde Semmering beste Erfolge – ihre 20 km lange Panoramaloipe ist wohl als einmalig zu bezeichnen!

Im Gebiet von Wechsel und Buckliger Welt sind die Verhältnisse vielschichtiger und vor allem deshalb zu beachten, da es sich hier wie beim Waldviertel um ein „Hoffnungsland" für den Fremdenverkehr, sowohl im Sommer als auch im Winter, handelt. Beliebte Kurorte, wie Bad Schönau oder Mönichkirchen, zeigen aber kaum nennenswerte Ansätze zu einem Loipenbetrieb, und ausgesprochene Wintersportzentren weisen nur Kleinanlagen auf. Anderseits unternehmen eher unbekannte Orte höchst beachtliche Anstrengungen, deren Breitenwirkung allerdings noch abzuwarten ist. Dazu muß angemerkt werden, daß diese Berglandschaft im SO Niederösterreichs für den Langlauf beste Voraussetzungen bietet und im hochgelegenen Wechselgebiet auch ziemlich schneesicher ist. An Geländeformen stehen weitläufige, abgerundete Kammlinien und sanft geformte Talmulden, plateauartiges Höhengelände und durch steile Waldfluchten verlaufende Forststraßen einander gegenüber.

Die Niederschläge sind zwar wesentlich geringer als in den Voralpen, die Kuppenlinien der Buckligen Welt lassen aber mit einer Seehöhe von 700 bis 800 m zwischen Dezember und März zumindest zeitweise gute Schneeverhältnisse erwarten. Die Kämme des Wechselstockes bieten über 1200 m sogar eine Dauerschneedecke bis weit ins Frühjahr. Die Windausgesetztheit der baumfreien Flächen kann aber zu Abwehungen und derart gestörten Schneeoberflächen führen, daß eine Fortbewegung mit Langlaufschiern kaum möglich ist! Es sind daher auch hier die Witterungsverhältnisse besonders zu beachten, denn die Schwierigkeiten wechseln im gleichen Gelände je nach Schneeart von leicht bis touristisch außerordentlich anspruchsvoll. Für Weitwanderungen auf Langlaufschiern ist der Raum zwischen Semmering und Buckliger Welt, ähnlich wie das Waldviertel, sehr gut geeignet.

Die raschen Zufahrtsmöglichkeiten über Südautobahn bzw. die im Ausbau befindliche Semmering-Schnellstraße sind derart günstig, daß trotz der größeren Entfernung das Gebiet als Naherholungsraum von Wien bezeichnet werden kann. Die gastlichen Orte mit ihren qualifizierten Betrieben laden jedoch auch hier zu einem längeren Aufenthalt ein, wobei man Loipen- und Tourenlauf günstig verbinden kann.

Informationen:
Fremdenverkehrsverband Semmering – Rax – Schneealpe
2680 Semmering, Tel. 0 26 64 / 23 26.
Fremdenverkehrsverband Pittental – Hochwechsel
2870 Aspang-Markt, Tel. 0 26 42 / 23 03.
Fremdenverkehrsverband Bucklige Welt
2860 Kirchschlag, Tel. 0 26 64 / 227.

Zufahrten:
Südautobahn – ab Grimmenstein nach Bad Schönau und auf die Höhenorte der Buckligen Welt bzw. über Kirchberg am Wechsel ins Feistritztal; ab Aspang nach Mariensee (lokale Autobusverbindungen für Überschreitungen ab Edlitz-Grimmenstein).
Mit Südbahn und über Südautobahn/Schnellstraße zum Semmeringpaß (auch mit öffentlichem Verkehrsmittel von Wien aus günstig).

LOIPEN

52 Semmering:

Die auf der fast 1000 m hohen Paßhöhe des Semmerings gelegene Gemeinde (Tel. 0 26 64 / 326), als heilklimatischer Höhenkurort entsprechend gut ausgestattet, hat sich auch dem nordischen Wintersport geöffnet. Die Landschaft ist außerordentlich reizvoll mit steilen Wäldern und Felspartien, an der Nordseite immer wieder herrlichste Ausblicke zu den Hochgipfeln der Wiener Hausberge! Veranstaltungen des WSV Semmering.
Ausrüstungsverleih und Langlaufunterricht – Sport Puschi, Tel. 0 26 64 / 471.

a) **Johannespromenaden-Loipe:** Auch für Anfänger bestens geeignet, doppelt gespurt; Lg. insgesamt 7 km, Sh. 985–1020 m; Ausgangspunkt unterhalb der Sprungschanze am Fuße des Hirschenkogels, auf flacher Waldstraße in den ruhigen Dürrgraben (anschließende Schiwanderungen in unverspurtem Gelände); schöne Aussicht ins Mürztal, keine Einkehrmöglichkeit.

b) **Panorama-Loipe:** Großartiger Langlauf an der Nordseite der Semmeringberge, vielfältiges Waldgelände mit großartigen Ausblicken und Fotomotiven; wechselnde Neigung, aber nicht schwierig, bei stürmischem Nordwestwetter tlw. exponiert; Lg. insgesamt 20 km, Sh. 1020–1238 m.

Ausgangspunkt – Semmering-Hochstraße oberhalb des Südbahnhotels (Zufahrt von der Paßhöhe rechts abzw., vom Bahnhof 1 km). Die doppelt gespurte Loipe benützt die weitläufige Liechtensteinstraße am Nordhang des Pinkenkogels, mit allmählicher Steigung im Bogen die Rotleiten hinan bis zum höchsten Punkt im Ziehgraben (Abzw. zur Kampalpe), dann stärker fallend und flach zur Wende bei der Jausenstation Talhof (1120 m, 10 km). Zurück auf gleicher Strecke.

53 Grimmenstein-Hochegg:

Durch die Bemühungen der ARGE Hochegg ist der hochgelegene Teil der Gemeinde Grimmenstein das „Aktivzentrum" für den Langlaufsport dieses Gebietes. Das Loipengelände liegt um den bewaldeten Hollabrunner Riegel (922 m) und setzt sich, tlw. auch gespurt, auf dem sonnigen, Richtung Rams ziehenden Höhenrücken fort. Gute Möglichkeiten für Anfänger und Schiwanderer, die sich in der abwechslungs- und aussichtsreichen Landschaft bewegen wollen, besonders angesprochen werden aber sportlich aktive und geübte Läufer, die sich auf der selektiven, vorbildlich mark. und gespurten Loipe „austoben" können!

Zufahrt – vom Ortsende Grimmensteins (Autobahnabfahrt) auf guter Bergstraße nach Hochegg; Güterweg von Hollabrunn Richtung Ödenkirchen nur beschränkt befahrbar!
Ausrüstungsverleih und Auskünfte – Karl Picher, Hochegg, Neubaugasse 8, Tel. 0 26 44 /82 35 (Imbißstube und Konditorei, Obmann der ARGE Hochegg), Langlaufunterricht und Durchführung von Wettbewerben möglich!

a) **Hochegger Loipe:** Überraschend vielfältige Loipenanlage mit mehreren Schleifen; Kammrücken, Wege und Forststraßen durch steileres Gelände, durchwegs im Wald, sonnige Wiesen nur beim

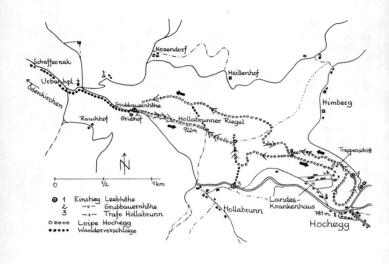

Startplatz Hochegg, Sh. 750–922 m, einige sehr hübsche Ausblicke!

Einstiegspunkte:
Hochegger Straße (760 m, gegenüber der Raiffeisenkasse); Hollabrunn beim Transformatorhaus (845 m, bis dorthin gute Zufahrt und Parkplatz, Loipenzustieg entlang des mark. Weges zur Auslaufschleife); Grubbauernhöhe – freie Berghöhe westl. des Hollabrunner Riegels (860 m, sehr beschränkte Parkmöglichkeit).

Loipenmarkierungen:
Leichte Schleife (im Waldgelände nicht unschwierig!) – zwei durch eine Parallelspur verbundene Runden auf den Hochegger Wiesen und im Waldgelände nördl. des Landeskrankenhauses bis nahe dem Hochbehälter; vorgesehene Mark. grün und blau mit 2300 m Lg. (Einstiege Hochegg).
Mittelschwere Schleife (Schwierigkeit je nach Schneeverhältnissen, bei Vereisung sehr schwierig, tlw. enge Waldabfahrten) – drei Schleifen im Wald des Hollabrunner Riegels zwischen Hochbehälter und Grubbauernhöhe (Einstieg dort oder in Hollabrunn), vorgesehene Mark. rot mit 3000 m, schwarz mit 3600 m und kleine grüne Runde mit 1400 m Lg.

b) **Verbindung nach Ödenkirchen:** Von der Grubbauernhöhe quer über Akkergelände rechts haltend zur Heißenhofstraße, diese entlang zur Urbankapelle (855 m), dann rechts Richtung Ponholz. Nach ca. 200 m links auf den Waldweg, nach Überquerung der neuen Umfahrungsstraße Schaffernak zur Weißenböckloipe, bei guten Schneeverhältnissen gespurt. Weiterweg entlang der Straße zum Gh. Fally in Ödenkirchen möglich, Lg. ca. 3,5 km.

c) **Weißenböck-Loipe:** In relativ schneesicherem und auch für Anfänger geeignetem Gelände werden an der neuen Umfahrungsstraße beim Schaffernak 8 bis 10 Geradespuren von je 300 m Lg. angelegt.

54 Mariensee:

In einem zentralalpinen Engtal am Nordfuß des Hochwechsels, dessen Waldflanken mehr als 900 m aus dem Talgrund aufsteigen und den sonnigen Bergbauernfluren an den Abhängen des Kampsteins gegenüber liegen, befindet sich der zur Gemeinde Aspangberg-St. Peter gehörende Weiler Mariensee (Sh. 815 m). Für den Wintersport bekannt sind die großzügigen Wechsellifte und der Hochwechsellauf, ein bis zur Baumgrenze an der Marienseer Schwaig ansteigender Langlaufmarathon.

Die überraschend reizvolle, nur etwas kurze Loipenanlage verläuft in zwei voneinander getrennten Schleifen im schneesicheren Talgrund entlang des Pöstlingbaches und ist auch bei schlechterem Wetter benützbar, spärliche Ausblicke, aber interessante Natureindrücke!

Zufahrten – von Aspang durch das enge Waldtal der Großen Klause, kurvenreiche Straße, aber nur wenig steigend; von St. Corona nach Unternberg und auf Güterweg nach St. Peter am Wechsel, einem bezaubernden Kirchweiler hoch über dem Marienseer Tal mit Prachtblick auf den Hochwechsel (bei Neuschnee oder Verwehung nur mit Ketten!).

Ausrüstungsverleih, Langlaufunterricht und Auskünfte – Gh. Heribert Reiterer, Mariensee 31, Tel. 0 26 42 / 72 20.

a) **Loipe 1:** Zufahrt vom Gh. Reiterer in Mariensee 2,5 km bis zum Parkplatz am Loipenbeginn; Lg. 3,5 km, Sh. 927–1030 m, leicht bis mäßig geneigter Anstieg und je nach Schneeverhältnissen schnelle Abfahrt, im Hochwinter eher schattig, besonders schön bei Neuschnee oder Rauhreif!

b) **Loipe 2:** Ein leichter, langgezogener Rundkurs vom Gh. Reiterer talaus bis zur Wechsellift-Abzw., sonnige Wiesenböden und ganz sanft geneigt bis flach; Lg. 2,5 km, Sh. 800–760 m, ideal für Anfänger!

55 St. Corona am Wechsel:

Sommerfrischen- und Wintersportort am Abhang des Kampsteins (Gemeindeamt Tel. 0 26 41 / 284), bekannt durch die großzügig ausgebauten Liftanlagen und gepflegten Pisten; Loipe bei Unternberg (Zufahrt 2 km Richtung Aspang) auf einem weitläufigen, geneigten Wiesenboden mark. und vorgespurt; Lg. 4 km, Sh. ca. 840 m; sonnig, aber auch windausgesetzt, daher häufig verwehte Spur.

56 Mönichkirchen:

Aus der sonnigen Sattelmulde der Mönichkirchner Schwaig (1170 m Sh., vom auf der Paßhöhe der Wechsel-Bundesstraße gelegenen Fremdenverkehrsort Mönichkirchen mittels Sessellift erreichbar) führt eine Loipenrunde mit 3 km Lg. in das Waldgelände des Kogels. Auskünfte – Gh. „Enzian", Alois Reithofer, Mönichkirchen-Schwaig 148, Tel. 0 26 49 / 253.

Empfohlene Schiwanderwege (bez. Forststraßen mit einigen Steigungen): Über das Studentenkreuz zum Hallerhaus (1350 m, ca. 3 km, nur bei tieferem Schnee als Abfahrt lohnend); rund um den Kogel und hinab nach Mönichkirchen oder zurück zur Schwaig (ca. 6 km, an die Loipe anschließend ist auch eine Abfahrt in den Ort möglich).

57 Hochneukirchen-Gschaidt:

Schön gelegene und sehr bemühte Fremdenverkehrsgemeinde (Tel. 0 26 48 / 206) am Südrand der Buckligen Welt, hoch auf einem aussichtsreichen Bergrücken; Zufahrt von Grimmenstein Richtung Kirchschlag, bei Krumbach abzw.
Durch den Sportverein gespurte Loipe (derzeit kein Spurgerät) vom Hotel „Zur Linde" auf den Hutwisch und mit einer Schleife auf dem Gipfelplateau (Kernstockwarte) wieder zurück zum Ort; Lg. 4 km, Sh. 769–896 m.

Schönes, allerdings ungespurtes Langlaufgelände, dessen Ausbau sich auch für den nahegelegenen Kurort Bad Schönau sicher lohnen würde, zieht von Hochneukirchen bis über den 3,5 km westl. gelegenen Ort Gschaidt hinaus (Kagerriegel 827 m, Luckerbauerriegel 789 m); sonnig und herrliche Aussicht ins Südburgenland, bei südl. Winden aber Schneeverwehungen!

R 58 bis 64 für Ergänzungen.

ABSEITS DER LOIPEN

65 Wie im Waldviertel und im Wienerwald sind die Bergbauernfluren der Buckligen Welt (Hochwolkersdorf – Wiesmath – Hollenthon; Rundwanderungen von Kirchschlag über Stang – Gehring u. a.; ÖK. 106), die Kammflächen rings um den Hartberg und auf den Vorhöhen des Wechselmassivs bei geeigneter Schneelage praktisch überall mit Langlaufschiern benützbar, weshalb hier nur einige Vorschläge für landschaftlich besonders lohnende Routen gegeben werden können. Übergänge lassen sich mittels günstiger Autobusverbindungen im gesamten Gebiet leicht durchführen.

Der Hochwechsel und die Kammlinien Richtung Stuhleck und zum Kampstein weisen wegen der großen Höhe und Wetterausgesetztheit alpines Format auf. Bei schwierigen Schneeverhältnissen (vor allem „Windgangln") und an die Höhenwanderungen anschließenden Abfahrten wird man daher besser zum Alpinschi mit Tourenausrüstung greifen. Wird ein in größerer Höhe gelegener Ausgangspunkt gewählt (Feistritzsattel, Steyersberger Schwaig), ist das Gelände jedoch auch ideal für Langläufe (gleichmäßigere Schneeoberfläche im Frühjahrsfirn ausnützen!). Die großen Überschreitungen (Hochwechsel – Kampstein, Semmering – Stuhleck oder Hochwechsel) gehören sogar zu den schönsten Schitouren-Unternehmungen der nordöstlichen Alpen!

66 Kreuzberg:

Schiwanderung über den langgestreckten Kammrücken zwischen Breitenstein und Gloggnitz, landschaftlich und touristisch hervorragend, Abfahrten überwiegend; Lg. ca. 12 km, Sh. 800–1093–493 m, ÖK. 104 und 105.

Gloggnitz – Semmeringbahn – Breitenstein – Speckbacher Hütte – Kreuzberg – Totenberg – Siedlung Kreuzberg – südl. Umgebung des Kobermannsberges mit Abkürzung zum Bahnhof Klamm-Schottwien – Eichberg – Gloggnitz.

67 Semmering – Preiner Gscheid:

Schwierige, aber touristisch hervorragende Überschreitung mit beachtlichen Höhenunterschieden, bez. Wege, aber tlw. schwierige Orientierung; Lg. ca. 14 km, Sh. 1000–1565–1070 m, ÖK. 104; nur für erfahrene und konditionsstarke Läufer!

Payerbach-Reichenau – Semmeringbahn – Semmering – Panoramaloipe (R 52b) – Ziehgraben – Kampalpe (herrliche Aussicht) – Wanzenbühel – Drahtekogel – Tattermannkreuz – Sitzbühel – Preiner Gscheid (tlw. dichtes Waldgelände, Kampalpe auch von der Panoramaloipe allein sehr lohnend) – Autobus nach Payerbach.

68 Semmering – Stuhleck:

Höhenwanderung auf dem Weinweg, touristisch bedeutend, aber sehr schwierig durch wechselnde und starke Neigung, ziemliche Höhenunterschiede; Lg. ca. 16 km, Sh. 1300–1782 m, ÖK. 104 und 105; nur für sehr erfahrene Touristen! Bez. Wege.

Semmering – Sessellift Hirschenkogel – Dürriegel – Erzkogel – westl. Umgebung des Alpkogels – Weinweg – Poirshöhe – Fanklbauernhöhe – Fröschnitzsattel – Harderkogel (Forststraße in Richtung Feistritzsattel benützen) – nördl. Umgebung der Pfaffen – Pfaffensattel – Stuhleck – Ganzeben – Sessellift Spital – Semmering.

69 Feistritzsattel:

Beliebtes Langlaufgelände im hochgelegenen, großteils bewaldeten Kammgelände beiderseits der Paßhöhe (1290 m), leicht bis mäßig schwierig, sehr schöne Tourenmöglichkeiten! Zufahrt über Kirchberg am Wechsel – Trattenbach; ÖK. 105.

a) **Harderkogel:** Vom Sattel nordwestl. auf bez. Forststraße Richtung Fröschnitzsattel und links abzw. zur Kammhöhe, die blau mark. bald in freiem Gelände bis zum aussichtsreichen Gipfel verfolgt wird (1523 m). Abfahrt südl. an der Pfaffenalm vorbei bis in einen Sattel (1420 m) und nordöstl. auf einer Forststraße, zuletzt in der Anfangsspur zurück zum Ausgangspunkt (Lg. ca. 7 km).

b) **Kranichberger Schwaig – Arabichl:** Vom Sattel nordöstl. auf dem rot bez. Fahrweg gegen den Rabenkropf hinan und in der Südflanke querend zur Kammhöhe, nun flacher bis zur Almmulde der Kranichberger Schwaig (1518 m). Geradeaus durch eine Waldgasse oder hinter der Almhütte auf einem Fahrweg ansteigend zur weitläufigen Gipfelkuppe des Arabichl (1595 m, Blick zum Hochwechsel). Gegen SW zum Sattel vor dem Schöberlriegel (1560 m, „Dreiländereck", Weiterweg zum Hochwechsel wie bei R 70b) und jenseits auf der Forststraße zurück zum Feistritzsattel (Lg. ca. 10 km).

c) **Zur Feistritzer Schwaig:** Vom Arabichl östl. am Steinernen Kreuz vorbei bis zum „Schwarzen Herrgott" (1403 m) und scharf rechts abzw. zur Feistritzer Schwaig, wo westl. ein Fahrweg und eine aus dem Graben ansteigende Forststraße zurück zum Sattel (1560 m) führen, Lg. ca. 5 km.

70 Steyersberger Schwaig:

Sehr lohnende und wenig schwierige Langlaufmöglichkeiten mit Anstieg zum Hochwechsel, landschaftlich sehr schön; Zufahrt von Kirchberg am Wechsel Richtung Arabichl-Lift bis zur Schwaig (1367 m), bei Neuschnee mit Ketten! ÖK. 105.

a) **Rund um den Arabichl:** Vom Parkplatz beim Schlepplift entlang der roten Mark. zur Diebsgrube und auf der Forststraße zur Kranichberger Schwaig mit herrlicher Aussicht gegen Schneeberg und Rax. Von der Almhütte auf dem bez. Steig oder mit geringem Höhenverlust an der westl. herumführenden Forststraße zum Sattel vor dem Schöberlriegel (1560 m, nach Besitzgrenze „Dreiländereck" genannt). Hier links abzw. zur freien Gipfelfläche des Arabichls und am Steinernen Kreuz vorbei auf Fahrweg den Kamm entlang, bis links abzw. eine Forststraße durch die nordseitigen Waldhänge zur Schwaig zurückführt (Lg. ca. 9 km).
Bei starker Verwächtung an der Nordseite kann man wie bei R 69 c über die Feistritzer Schwaig zurück zum Sattel und auf der Anstiegsspur über die Kranichberger Schwaig zum Ausgangspunkt wandern, sonnig und früher ausapernd!

b) **Zum Hochwechsel:** Vom Sattel des „Dreiländerecks" an der Ostseite von Schöberl- und Umschußriegel auf einer Forststraße nur sanft ansteigend zur Kammfläche über dem steilen Abfall in die Wechselgrube (1660 m). Nun den breiten, meist ziemlich verblasenen Kamm südöstl. hinan zum Wetterkogler Haus (1743 m, von der Schwaig ca. 6 km). Abfahrt in derselben Spur, als Variante wie bei a) über den Arabichl oder die Feistritzer Schwaig zum Ausgangspunkt zurück.

71 Wechsel-Überschreitung:

Eine großartige Tour, die aber mit Langlaufschiern nur bei guten Schneeverhältnissen lohnend zu bewältigen ist (keine Verwehungen, eher bei gleichmäßig gefallenem und nicht zu tiefem Neuschnee oder im Frühjahrsfirn); alpine Verhältnisse über der Baumgrenze und Gefährlichkeit bei Nebel, Sturm und Schneetreiben nicht übersehen! ÖK. 105 und 104.

a) **Hochwechsel – Kampstein:** Zufahrt mit Postauto vom Bahnhof Edlitz-Grimmenstein nach Mönichkirchen und mit dem Sessellift zur Schwaig; Anstieg über Studentenkreuz (gelb – blau – rot mark.) zum Hallerhaus (1350 m, Nächtigung empfehlenswert, Tel. 0 26 49 / 230). Weiterer Aufstieg rot bez. über den Steilabfall der „Steinernen Stiege" (Umgehungsmöglichkeit an der Nordseite oberhalb der Wechsellifte!) und je nach Schneeverhältnissen über den Kamm des Niederwechsels (1669 m) oder an dessen Südflanken über die Vorauer Schwaig und die Hofalm zum Wetterkogler Haus (1743 m, ca. 3 Std.). Abfahrt auf dem Nordwestkamm bis zum Sattel vor dem Umschußriegel und an der Ostflanke über der steilen Wechselgrube zu einer Forststraße, die zum Sattel „Dreiländereck" führt (1560 m, ca. 11 km; Abzw. Richtung Feistritzsattel).
Nun rechts hinan zum Arabichl (1595 m) und am Steinernen Kreuz und dem Schwarzen Herrgott vorbei (Variante auf der Forststraße durch die südl. Hänge über die Feistritzer Schwaig!) in eine Kammsenke (1395 m) vor der

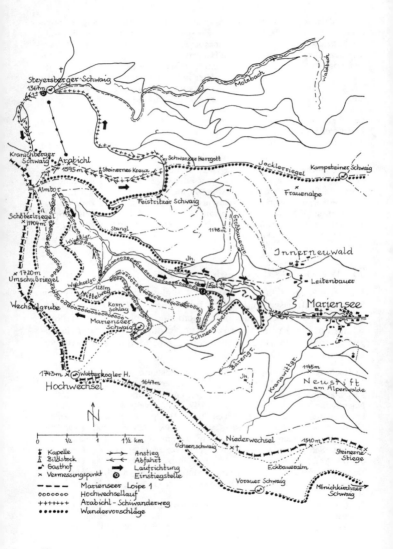

Frauenalpe. Diese wird ansteigend überschritten und mit kurzer Abfahrt die Kampsteiner Schwaig erreicht (1400 m, östl. hinan kann die locker bewaldete Gipfelfläche des Kampsteins bestiegen werden; stets herrliche Ausblicke gegen den Hochwechsel). Nun auf dem rot bez. Schiweg in mäßig steiler Abfahrt zum Kampstein-Sessellift (ca. 7,5 km) und mit diesem hinab nach St. Corona, Postauto nach Edlitz-Grimmenstein.

b) **Hochwechsel – Stuhleck:** Wie bei a) zum Dreiländereck und westl. auf der Forststraße abfahrend zum Feistritzsattel (1290 m), wie bei R 69 a auf den Harderkogel (1523 m), R 68 zum Pfaffensattel, auf das Stuhleck und nach Spital am Semmering (Bahnanschluß). Eine touristisch und landschaftlich hervorragende Überschreitung, insgesamt ca. 25 km!

72 Hochwechsellauf:

Dieser zuletzt 1983 durchgeführte Langlaufmarathon (20–30 km auf 15 km gespurter Loipe) benützt weitläufige Forststraßen an den Nordflanken des Massivs; sportlich recht interessant und im Höhengelände auch landschaftlich sehr lohnend; Lg. 16,5 km, Sh. 927–1500 m; Variante über den Hochwechsel möglich!

a) Vom Parkplatz der Loipe 1 in Mariensee (siehe R 54 a) links wendend auf einer ziemlich steilen Forststraße in den Bärengraben und rechts weiter, den Schneegraben etwas flacher querend zur Kreuzung (1120 m, 2 km, Start des Wechsellaufes).
Hier links aufwärts weiter gegen den Schneegraben, bei Abzw. rechts und nach der Bergecke etwas sanfter gleichmäßig ansteigend über dem Wolfengraben bis zur Kreuzung ober dem Wechselgraben. Nun links ziemlich stark steigend mit zunehmenden Ausblicken im Bogen um den Rücken herum zur **Marienseer Schwaig** (1478 m, bisher 6,75 km, Abzw. zum Hochwechsel).
Westl. nur mehr leicht steigend im oberen Bergwald auf einer Forststraße zur hübschen Wechselgrube, um den Grubenriegel herum (höchster Punkt, bisher 9 km) und durch schönen Wald bergab bis in den Graben (1460 m). Die Abfahrt benützt die gleichmäßig durch den Wieselgraben abfallende Forststraße bis in den Wechselgraben. Dort kann man rechts am Hang hinaus querend zur Anfangsspur weiterfahren oder links in den Graben hinab zur Loipe gelangen.

b) **Zum Hochwechsel:** Von der Marienseer Schwaig über die weitläufigen freien Hänge zum schon sichtbaren Wetterkogler Haus und wie bei R 71 a zum „Dreiländereck". Kurz vor dem Sattel rechts abzw., kann man die Route a) nach dem Grubenriegel erreichen und von dort den Wechselgraben abfahren oder durch die Wechselgrube zur Schwaig zurückqueren und die Aufstiegsspur zur Abfahrt benützen.
Eine weitere Variante führt vom „Dreiländereck" auf der Forststraße östl. Richtung Feistritzer Schwaig, jedoch schon vorher mit Kehre zurück gegen

den Graben, vor diesem über Lichtungen zum ehem. Gehöft Stangl und auf der Forststraße zur Wende der Loipe 1 hinab (das Gelände ist vom Wechselkamm gut einzusehen!).

73 Bucklige Welt:

a) Über den Hartberg: Ausgedehnte Überschreitung zwischen Mönichkirchen und Krumbach bzw. Bad Schönau, vorwiegend freies Höhengelände; Lg. ca. 15 km, Sh. 867–500 m, ÖK. 105, 106 und 137.

Edlitz-Grimmenstein – Postauto Mönichkirchen – Weitwanderweg Nr. 902 – Hartberg; unbez. Weiterweg über Stübegg – Ungerbach – Maierhöfen – Fuchsenriegel – Königsegg – Krumbach – Postauto Grimmenstein; oder bez. weiter über Schlag – Pichl – Waldbauernriegel – Feichten – Schloß Krumbach – Unterhaus (Postautohaltestelle); oder am Waldbauernriegel südl. vorbei – Hochsenn – Melterer Höhe – Höhwirt – Straße nach Hochneukirchen, Postauto zum Ausgangspunkt, über Hutwisch nach Bad Schönau wie bei b).

b) Auf den Hutwisch: Interessante Langlauf-Bergtour für sportlich und touristisch anspruchsvolle Läufer, Höhenunterschied 500 m, bez. Wege, Lg. ca. 13 km, ÖK. 137.

Bad Schönau (490 m) – Güterweg blau bez. Richtung Hutwisch – Winterleiten – Almen – Forststraße zur Hochneukirchner Straße – Hutwisch – kurz zurück Richtung Hochneukirchen und Forststraße scharf links – Sattel oberhalb Harmannsdorf – Schlägen – Hollerbach – Maierhöfen – Bad Schönau.

c) Kaltenberg – Wiesfleck: Freie Höhenwanderung auf der Berghöhe östl. von Grimmenstein mit Abfahrt nach Krumbach; Lg. ca. 11 km, Sh. 840–533 m, ÖK. 106; leicht bis mäßig schwierig, bei günstigen Schneeverhältnissen sehr lohnend.

Grimmenstein bzw. Edlitz – Auffahrt bzw. bez. Weg nach Maria Schnee – Kaltenberger Höhe – Straße und Höhenrücken über Sonnberg – Ebenhofer Höhe – Wetterkreuzriegel – Wiesfleck (ca. 7 km) – Umgehung des Kühriegels – über 300 m Höhenunterschied Abfahrt nach Krumbach – Postauto Grimmenstein.

R 75 bis 80 für Ergänzungen.

TRAISEN- UND PIELACHGEBIET

81 Das voralpine Traisengebiet, dessen charaktervolle Berggestalten die Gipfel des benachbarten Vorgebirges weitaus übertreffen, vermittelt vom Ötscherland zum Wienerwald. Die Terrassenböden des oberen Tallaufes und die hochgelegenen Plateauflächen und Sattelzonen bieten sich für den Langlauf an und sind auch entsprechend erschlossen, wobei St. Aegyd am Neuwalde das nordische Zentrum Niederösterreichs darstellt. Bei Schiwanderungen und Bergtouren muß man die Ziele allerdings sorgfältig auswählen, um sich bei den unvermeidlichen Abfahrten nicht wie Mathias Zdarsky auf seinen Norwegerbrettern vorzukommen, ehe er aus diesem im Steilgelände unbrauchbaren Gerät den Alpenschi und seine Lilienfelder Technik entwickelte!

Obwohl der Bezirk Lilienfeld zu den waldreichsten Gegenden Österreichs zählt, bewegen sich die Loipen in der „Waldmark" mehr im freien, sonnigen Gelände und bieten daher auch schöne, von den teils felsigen Waldbergen geprägte Landschaftsbilder. Die Niederschläge sind im langjährigen Durchschnitt reichlich und genügen, um bei Höhenlagen ab 500 m eine entsprechend dauerhafte Schneedecke erwarten zu können. Das Hinterland von St. Aegyd ist sogar sehr schneesicher und gewinnt in den Frühlingsmonaten immer mehr an Bedeutung. Bei starken Schneefällen bleibt man aber besser in den Talorten und meidet schon wegen der Zufahrt die abgeschiedenen Höhenlagen!

Durch die gut ausgebauten und relativ kurzen Zufahrten eignet sich das im Mittelpunkt der niederösterreichischen Voralpen gelegene Gebiet auch ausgezeichnet für Tages- oder sogar Halbtagesausflüge. Eine qualifizierte Gastronomie sorgt für den „leiblichen Wiederaufbau" nach den sportlichen Anstrengungen oder bietet sich für den geselligen Ausklang eines Schitages oder für längeren Aufenthalt an. Ein besonderer Vorzug des oberen Traisentales ist sicherlich das vielfältige, meist sogar günstig benachbarte Angebot von nordischen und alpinen Anlagen bzw. Tourenmöglichkeiten. Gerade Familien mit Kindern oder Vereinsgruppen können somit unschwer die unterschiedlichen Interessen ihrer Mitglieder zufriedenstellen – am Gscheid etwa findet man Loipen, Geländewanderungen, Lifte und Tourenabfahrten konzentriert!

Einen landschaftlichen Höhepunkt unter den Langlaufgebieten Niederösterreichs bildet der Ebenwald bei Kleinzell, ein der Reisalpe vorgelagertes Hochplateau, das zwar erschlossen ist, aber für einen lebhaften Besuch erst noch entdeckt werden muß. Dasselbe gilt für das romantisch-liebliche, im Sommer bereits als Erholungslandschaft überaus geschätzte Pielachtal, wo Loipenanlagen bisher leider fehlen. Die Gemeinden dürften dort noch nicht erkannt haben, daß der Schilanglauf eine wenig kostenintensive, aber sich ständig ausweitende Möglichkeit für eine Wintersaison mit Anreizen zu qualifizierter Gastlichkeit bietet. Als Ergänzung zu den schönen und nur wenig schwierigen Schiwanderungen gibt es die Loipen im nahegelegenen Puchenstuben.

Informationen:
Fremdenverkehrsverband Traisen-Gölsental
3180 Lilienfeld, Tel. 0 27 62 / 23 26.
Fremdenverkehrsverband Pielachtal
3204 Kirchberg an der Pielach, Tel. 0 27 22 / 75 33.

Zufahrten:
Von Westautobahn/St. Pölten ins Traisental auf der Mariazeller Bundesstraße Nr. 20 mit Abzw. nach St. Aegyd in Freiland oder ab Südautobahn/Leobersdorf über Bundesstraße Nr. 18 (siehe auch R 87); ins Pielachtal gleichfalls ab St. Pölten auf der gut ausgebauten Bundesstraße oder mit der Mariazeller Bahn.

LOIPEN

82 Türnitz:

Der traditionelle Wintersport- und Sommerfrischeort am Fuß des dicht erschlossenen Eibel (Gemeindeamt Tel. 0 27 69 / 204) bietet in den ebenen Talböden von Weidenau und Traisenbachrotte eine ungewöhnliche, recht interessante Loipenanlage (wegen der sonnigen und relativ niedrigen Lage nicht sehr schneesicher). Sehr reizvolle Bachufer und Waldränder, besonders im Neuschnee- und Rauhreifschmuck. Wegen der geringen Schwierigkeit auch für Anfänger geeignet, am Loipenende der Schilift Weidenau mit schöner Piste!

Gesamtlg. der **Europa-Loipe** 10 km (5 km Streckenlg.), Sh. 460–510 m, mark. und vorgespurt, vorwiegend eben oder leicht geneigt.

Zufahrt – von Türnitz (Wegweiser Eibel-Lifte) eben und gut geräumt in Richtung Weidenau.

Einstiegmöglichkeiten – in der Schildbachrotte (460 m), bei der Weidenaukreuzung (483 m), beim Weidenaulift (äußerster Endpunkt, nur hier ausreichender Parkplatz!).

Ausrüstungsverleih und Langlaufunterricht – Schischule Hubert Pichler, Markt 103, Tel. 0 27 69 / 253.

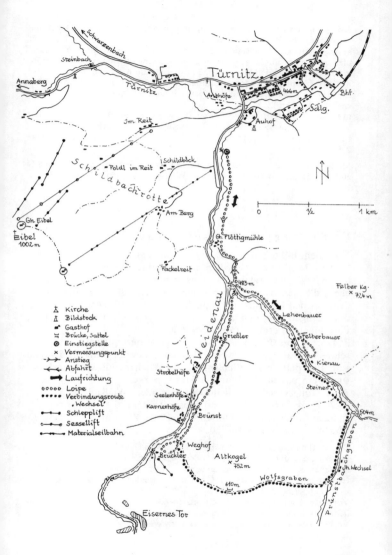

Loipenverlauf – sternförmig auseinanderlaufende Doppelspur mit Mittelpunkt bei der Weidenaukreuzung:

a) **Anlaufstrecke:** Vom Start in der Schildbachrotte am idyllischen Traisenufer entlang und mit langgezogener Gegensteigung oberhalb der Plöttigmühle vorbei, hinab zu den Moosbachhäusern und zum Kreuzungspunkt (1 km).

b) **Loipe I:** Durch den ebenen Talboden der Traisenbachrotte und nach den Bauernhöfen ansteigend auf die Terrassenhöhe zur Umkehrschleife (einfache Strecke 1 km).

c) **Loipe II:** Über Straße und Traisen im Bogen in den ebenen Talboden der Weidenau und fast ausschließlich flach recht hübsch an Gehöften und ehem. Mühlen vorbei zur Umkehrschleife nahe dem Weidenaulift (einfache Strecke 2,5 km).

Mäßig schwierige, ungespurte Schiwanderung als Verbindung von Loipe II zu I: Weidenau – Weghof – Wechsel – Wolfsgraben – Traisenbach (3,5 km).

83 St. Aegyd-Langauloipen:

Über dem hübschen, die Talfurche der Unrechten Traisen ausfüllenden Markt St. Aegyd am Neuwalde (Gemeindeamt Tel. 0 27 68 / 290) erstrecken sich nahezu völlig ebene Terrassenflächen, die sich bis in die abgelegenen Seitentäler fortsetzen. Von dem auf den hochalpinen Gippel zulaufenden Weißenbach zweigt die „Langau" ab, und dort liegt das in drei Schleifen ausgebaute, vorbildlichst betreute Loipengelände.

Zufahrt – vom Bahnhof St. Aegyd ebene und gut geräumte, aber schmale Straße in das Weißenbachtal, links abzw. in die Langau zum Parkplatz beim Weißenhof; am Wochenende sehr stark besucht, am besten gleich an der Straße parken!

Ausrüstungsverleih – Johann Sommerauer, Weißenbach 67, Tel. 0 27 68 / 445, Bauernhof und Jausenstation am Loipenparkplatz.

Langlaufunterricht – Schischule „Christa", Café Vogelleitner, Markt 18, Tel. 0 27 68 / 230.

Der sanft ansteigende breite Talgrund wird von einer hohen Terrassenstufe begleitet, auf deren Höhe ebene oder leicht hügelige Wiesenflächen einen hübschen Kontrast zu den umgebenden Waldhängen und dem schroffen, felsgespickten Preineck bilden. Über dem Talschluß blickt noch der riesenhafte Gippel herein.

Vorwiegend sonniges Gelände mit einzelnen Gehöften, Sh. 610–700 m, ziemlich schneesicher, gleichlaufende Strecken im Talboden mehrfach gespurt. Vorgesehene Laufrichtung vom Parkplatz Weißenhof auf der linken Spur talaus.

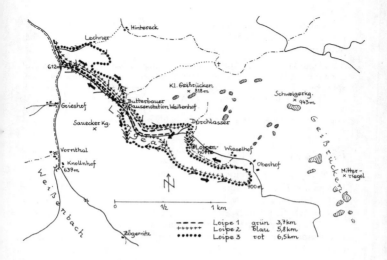

a) **Loipe grün** – Lg. 3,7 km; mit nur geringem Höhenunterschied im gleichmäßig und kaum merkbar ansteigenden Talboden; für Anfänger bestens geeignet.

b) **Loipe blau** – Lg. 5,8 km; Erweiterung der leichten Loipe durch eine Achterschleife auf den weitläufigen oberen Terrassenboden, Anstieg durch einen seichten Hohlweg, nach der „Loipenhütte" (Gh.) mittelsteile Abfahrt durch den Wald zur tieferen Schleife; Standardloipe für Anfänger und Fortgeschrittene.

c) **Loipe rot** – Lg. 6,5 km; die talseitige Schleife der blauen Loipe wird durch ein sehr reizvolles Bergstück in die Hochmulde beim Lechnerhof erweitert (Anstieg entlang des Güterweges und über Wiesenhügel, vom ebenen Terrassenrand mittelsteile Abfahrt zum Ausgangspunkt); die talein gelegene, erweiterte Bergschleife rundet im ersten Abschnitt mehrere seitliche Wiesenbuchten mit jeweils kleinem Anstieg aus und verläuft dann mit der blauen Loipe an der Labestation vorbei; sehr abwechslungsreich und selbst gehobenen sportlichen Ansprüchen genügend, landschaftlich besonders ansprechend!

84 Kernhofer Gscheid:

Die zur Gemeinde St. Aegyd gehörenden Liftanlagen am Gscheid wurden durch eine noch wenig bekannte Loipe ergänzt; Lg. 2,5–7 km, Sh. 960–1000 m.

Ausgangspunkt – gegenüber dem Parkplatz beim Gh. Gallhuber (erster Lift an der Zufahrt von St. Aegyd, Tel. 0 27 68 / 72 12, bei starkem Schneefall Ketten nötig!).

Vorwiegend flaches und sonniges Gelände, auch für Anfänger geeignet. Auf der mit roten Pfeilen bezeichneten Spur rechts in ein schönes Seitental (ungespurt bis in den Talschluß 1,5 km, herrliche Landschaft, aber Jagdgebiet!) und im Bogen nahe der Straße zum Ausgangspunkt zurück (2,5 km).

Vom Wendepunkt mehrfach gespurt in ein waldiges Seitental, kleine Abfahrt und gleichmäßiger, leichter Anstieg bis zur Umkehrschleife (insgesamt 4 km).

85 Lahnsattel:

Im hochgelegenen Neuwaldgebiet jenseits des Göllers liegt die zur Gemeinde St. Aegyd gehörende kleine Siedlung Lahnsattel, in der eine sehr ansprechende Loipe angelegt wurde. Die lange Zufahrt wird durch die große Schneesicherheit und die schöne alpine Landschaft reichlich ausgeglichen, besonders im Frühjahr sehr beliebt! Die Loipe ist mit Wegweisern versehen und gut gespurt, zwei weitläufige Schleifen mit ca. 3 und 5 km Lg., Sh. 910–980 m.

Zufahrt – von St. Aegyd über das Gscheid Richtung Mariazell und in Terz Richtung Mürzzuschlag abzw. (bei Neuschnee mit Ketten!), Ortschaft jenseits der Lahnsattel-Paßhöhe.

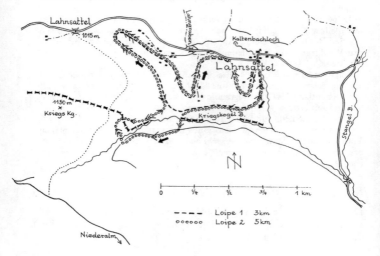

Ausgangspunkt – Loipenhütte rechts neben der Straße im Ortsgebiet Lahnsattel, dort auch Ausrüstungsverleih.

Das Gelände fällt von der am Fuß des Göllers verlaufenden Lahnsattelstraße über sanft geneigte, sonnige Wiesen zu den bewaldeten Hügeln im Quellgebiet der Mürz ab (leicht bis mäßig schwierig).
Von der großen Schleife bei Rechtswendung aus der großteils bewaldeten Bachmulde links abzw. auf eine Forststraße, die mit einer Kehre östl. den Sulzriegel entlangzieht (sehr schöne, ungespurte Erweiterung mit herrlichem Blick auf den Göller, einfache Strecke ca. 1,5 km), Weiterweg zur Wildalpe sehr lohnend (Wettkampf „Wildalpenlauf"; siehe auch – Tippelt/Baumgartner, Mariazeller Bergland, Wander- und Landschaftsführer mit Schitouren!).
ÖK. 73.

86 Hohenberg:

Im sonnigen Moosbachtal bei Hohenberg findet man eine überraschend schöne Loipe, die relativ schneesicher und für Anfänger sowie Fortgeschrittene geeignet ist. Lg. 5 km, Sh. 490–520 m; nicht so überlaufen wie St. Aegyd!
Zufahrt – nach dem Ortsende von Hohenberg aus der unübersichtlichen Kurve links auf die Hofamt-Straße (Parkmöglichkeit und Loipeneinstieg) und links abzw. ins Moosbachtal zum Parkplatz.
Ausgangspunkt und Ausrüstungsverleih – im Bauernhof an der Loipe (Fremdenzimmer und Jausenstation, Hofamt 14, Tel. 0 27 67 / 71 0 73).
Das Gelände liegt auf flachen Wiesenböden und am hügeligen südl. Talrand, wo auch zwei ansteigende Seitenmulden ausgelaufen werden können, landschaftlich recht reizvoll im Gegensatz zu den steilen Waldhängen und ruhig gelegen!

87 Ebenwald bei Kleinzell:

Das oberhalb des Erholungsdorfes Kleinzell (Gemeindeamt Tel. 0 27 66 / 201) in etwa 1000 m Seehöhe gelegene wellige Hochplateau mit seinen verstreuten Bergbauernhöfen, Wiesenflächen, Baumreihen und Wäldern bietet bei günstigen Verhältnissen eine der schönsten Loipenanlagen Niederösterreichs! Das betrifft sowohl das ideale und sonnige Gelände als auch die Landschaft am Fuß von Reisalpe und Hochstaff mit ihren malerischen Ausblicken auf Schneeberg, Unterberg und Wienerwald. Das schön gelegene Ebenwaldhaus eignet sich auch gut für einen längeren Aufenthalt, besonders schöne Schiwanderungen!

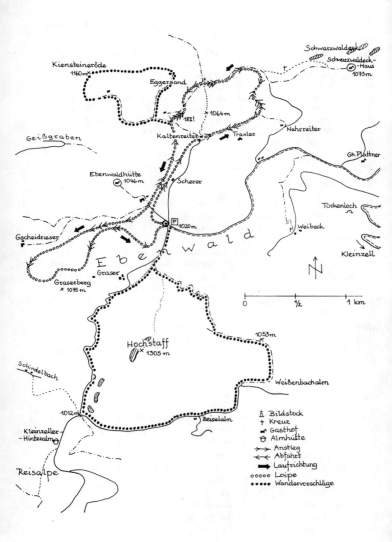

Zufahrt – von der Bundesstraße Nr. 18 (ab Westautobahn/ St. Pölten über St. Veit an der Gölsen, ab Altlengbach über Hainfeld oder von Mödling über Alland – Altenmarkt) in Rainfeld abzw. nach Kleinzell, dann 7 km Bergstraße (geräumt und gestreut, bei Neuschnee bzw. Vereisung aber Spikereifen oder Ketten nötig).
Ausgangspunkt – Parkplatz Ebenwald, daneben die Bergrettungshütte und Ausrüstungsverleih, Tel. 0 27 66 / 596.

Die Loipenspur verläuft in 1005–1050 m Sh. und ist vorzüglich mark.: Schwarze Loipe – 4 km Lg. in der südl. Schleife; blaue Loipe – 6 km Lg. mit dem leichteren Teil der nördl. Runde; rote Loipe – gesamter Rundkurs über das Ebenwaldplateau mit 8 km Lg.; leicht bis mäßig schwierig.
Zu beachten sind unbedingt Schneelage und Windverhältnisse (am besten nach ruhigem Neuschneefall, dann längere Zeit sehr schneesicher; bei stürmischem Wetter durch Verwehungen oftmals beeinträchtigt oder unbenützbar!).

Loipenverlauf: Vom Parkplatz Richtung Ebenwaldhaus und rechts aufwärts zum Scherer, durch die folgende Mulde mit Rückblick zum Hochstaff am Kaltenreiter vorbei östl. über den Sattel beim Traxler zu einer kleinen Kapelle (malerischer Ausblick, im S Unterberg und Schneeberg). Nun stärker ansteigend zu einem Sattel (höchster Punkt, rechts abzw. zum Schwarzwaldeck, ca. 2 km) und an der Nordseite reizvoll über Waldlichtungen westl. zum „Eggersand" hinab (entlang der roten Mark. Richtung St. Veit lohnend über einen Sattel ungespurt zur „Hahnwiese", ca. 2 km). Eine leichte Gegensteigung führt wieder zur Anhöhe zurück, worauf eine steile Abfahrt in die Mulde beim Kaltenreiter folgt. Auf der Gegenspur bis nahe dem Parkplatz.
Für die südl. Runde aber nun rechts beim Schönbodner vorbei (oberhalb das Ebenwaldhaus) und gegen SW in die herrlichen Mulden beim Kiensteiner und Gscheidrieser, der jenseits eines steilen Sattels liegt (im W die Hinteralpe, im N die Kiensteiner Öde). Ein längerer Anstieg führt zum Rand des Graserberges mit großartigem Blick auf die Reisalpe, und mit zünftigen Abfahrten geht es zurück in die Schönbodner-Mulde, an deren rechtem Rand mit leichtem Anstieg wieder der Parkplatz erreicht wird.

R 88 bis 92 für Ergänzungen.

ABSEITS DER LOIPEN

93 Araburgwege:

Ausgezeichnete Überschreitung zwischen Hainfeld und Kaumberg auf abgeflachten Höhenrücken; Lg. ca. 13 km, Sh. ca. 700 m; Postautoverbindung! Bez. Wege, ÖK. 56 und 57.

Hainfeld – Plattnerhöhe – rot bez. Kammweg – Forststraße Ruine Araburg – zurück zur 2. Kehre – rechts Forstweg zum Parkplatz – Mayerhof – Kaumberg.

94 Kruckensattel – Höhenberg:

Landschaftlich wunderschönes Höhengelände zwischen Ramsau- und Hallbachtal mit wenig geneigten Wegen und einem sanften Gipfel, großteils bez.; Lg. ca. 12 km, Sh. 700–1027 m, ÖK. 74.

Ramsau – Schneidbach – Sattelhöhe Lechner oder Kruckensattel – blau/rot/404 bez. Weg bzw. Forststraße – Sattel westl. Gaisberg (875 m, bei Liftbetrieb günstiger Zugang über Ober-Höhenberg) – Fahrweg westl. abzw. – Kapelle – Gipfelplateau am Höhenberg, zurück in gleicher Spur.

95 Lilienfeld – Hinteralpe:

Mit dem Sessellift vom traditionellen Schiort Lilienfeld (M. Zdarsky) auf die sonnige, landschaftlich wunderschöne Klosteralm. Jenseits der Hinteralpe hervorragendes Langlaufgelände, das durch eine neue Forststraße zugänglich, aber wahrscheinlich ungespurt bleiben wird; Lg. bis 9 km, Sh. 1060–1311 m; entsprechende Überkleidung für Liftfahrt notwendig, Bergbahn Tel. 0 27 62 / 22 29. ÖK. 74.

Klosteralm – Forststraße Schwarzwald – Hinteralmhang – Kandlhofalm – Rotenstein – Sternleiten – Traisner Hütte – Hinteralmhang – Schwarzwald – Klosteralm – Aufstieg zur Bergstation.

96 Kiensteiner Öde:

Sehr lohnender Abstecher von der Loipe R 87, leichtes Gelände für Versuche in ungespurtem Schnee, vorzügliche Ausblicke und Fotomotive; Sh. 1020–1160 m, Dauer der Wanderung ca. 2. Std., ÖK 74.

Vom Ebenwald auf der blauen Loipe nördl. und nach dem Scherer gleich auf der linken Spur zum Waldrand gegenüber dem Kaltenreiter (Gatter und Geräteschuppen). Weiter bis unter die Steilstelle der Loipe und dort ziemlich hoch links haltend am Waldrand zu einer bald deutlicher erkennbaren Forststraße, die im Bogen über eine weitere Lichtung den Hang entlang zum Almstall führt. Zwischen malerischen Baumgruppen mit Prachtblick ins Gebirge in weiten Kehren nordwestl. den Steilhang hinauf zum überwächteten Kamm mit dem 1160 m hohen Gipfelpunkt (Ausblick vom Schneeberg bis ins Waldviertel). Abfahrt östl. den Kamm entlang, die folgende Wiesenfläche geradeaus querend und erst in der nächsten Mulde rechts hinab zur Forststraße.

97 Hochstaff-Runde:

Großartige Langlaufrunde in nur mäßig schwierigem Gelände (leider eine kurze, mühsame Unterbrechungsstelle), bei guten Schneeverhältnissen 2–3 Std., mehrfach wechselnde Neigung, aber nur geringe Höhenunterschiede, nur bei reichlicher und nicht windverblasener Schneelage! ÖK. 74.

Ebenwald – rot bez. Richtung Reisalpe – Graser – Hinteralm – blau bez. links Richtung Kleinzell – Zeislalm – nach Seitenkamm im folgenden Graben links abzw. – Weißenbachalm – in äußerster nördl. Ecke auf Fahrweg in den Wald – Nordosthang des Hochstaffs – vom Forststraßenende je nach Verhältnissen ziemlich geradeaus zum folgenden Wiesenhang – links aufwärts zum Sattel nördl. des Hochstaffs – Abfahrt rechts haltend zum Parkplatz.
In umgekehrter Richtung überquert man den Sattel nördl. des Hochstaffs (etwas links, nicht direkt am Gipfelfuß), fährt den Hang östl. am Waldrand ab und zweigt bei der unteren Einfahrt rechts in den Wald ab; an einer Jagdhütte vorbei geradeaus weiter, wo der Weg endet, weglos und dicht verwachsen gerade hinauf zur Forststraße Richtung Weißenbachalm.

98 Traisenberg:

Über 1000 m hoch gelegene, wunderschöne Plateauflächen rings um die Zdarskyhütte, im Höhengelände vorzügliche ungespurte Langlaufmöglichkeit, Zustieg tlw. zu Fuß, touristisch sehr lohnend! ÖK. 73.

St. Aegyd am Neuwalde – Parkplatz Göllerbad – Haselgraben – Kleiner Osterkogel – rot bez. Aufstieg Richtung Zdarskyhütte – bei Erreichen der Forststraße auf dieser bleibend – Bürgeralm – Zdarskyhütte (1082 m, ca. 2 Std.) – bez. Weg Richtung Hohenberger Gschwendt – Starkhöhe – Grabneralm – Paulmauer (1247 m, ca. 1½ Std.), zurück in gleicher Spur, Abfahrt nach St. Aegyd auf der Forststraße durch den Haselgraben.

99 Türnitz – Annaberg:

Geländemarathon für sehr erfahrene und konditionsstarke Schiwanderer (ÖK. 73 und Kompaß notwendig!), 5–7 Std., völlig einsam und ohne Stützpunkt, nur bei guten Sichtverhältnissen; Rückfahrt mit Postauto.

Auf dem Hafertal-Güterweg (von Türnitz Richtung Annaberg, ca. 1,5 km ab der Schwarzenbacher Kreuzung) aufsteigend bis zum Holzer, dem obersten Bauernhof. Dann auf der Forststraße weiter zu den Torstallwiesen am Schwarzenberg und durch ein Hochtal am Schoberberg vorbei zur Schildböckalm. Die Höhenkuppen entlang bis über den Kleinen Kögelberg (1146 m) hinweg, wo man wieder auf eine Forststraße stößt. Links in die Senke hinab und am Fuß des Großen Kögelberges zur westl. gelegenen Sattelhöhe beim Weißen Kreuz. Auf dem bez. Fahrweg am Waldbauern vorbei zu den Reidl-Liften und nach Sägemühle zur Postauto-Haltestelle.

R 100 bis 105 für Ergänzungen.

106 Pielachtal:

Die abgeflachten, langgezogenen Höhenrücken entlang des Tales eignen sich vorzüglich für Wanderungen auf Langlaufschiern, zu beachten ist nur eine kompakte, durch Windeinwirkung nicht beeinträchtigte und reichliche Schneelage. Herrliche Ausblicke, abwechslungsreiches Wiesen- und Waldgelände mit sanften Neigungen, vielfach bez. und tlw. entlang von Güterwegen, ÖK. 55.

a) **Hamesberg und Fischereck:** Grünau – Antlas – Steinleiten – Hamesberg (451 m) – Kohlenberg – Rametzberg – Dörfl – Bramböckkapelle – Fischereck – Grünau (ca. 15 km).

b) **Kaiserkogel-Marathon:** Hofstetten – Plambacheck (623 m) – Meiselhöhe – Kaiserkogel (716 m) – Geiseben – Tradigist – Warth (ca. 16 km, Rückfahrt mit Mariazeller Bahn).

c) **Simmetsberg – Umbachkogel:** Zufahrt von Rabenstein auf Güterweg zum Bramböck (oder zur Wetterlucken Richtung Kettenreith – Route in umgekehrter Richtung; allenfalls Schneeketten nötig!) – Bramböckkapelle – Simmetsberg (592 m) – Laach – Umbachkogel (624 m; ca. 5 km, Loipe der Gemeinde Kilb); zurück in gleicher Spur.

d) **Auf der Luft:** Zufahrt von Kirchberg auf guter Bergstraße zum Gh. Luft (628 m, Ausrüstungsverleih, Tel. 0 27 22/73 25); auf dem Pielachtalweg, Römerweg Nr. 651 und 652, beiderseits die Kammhöhen entlang: Über Hohenbrand zum Stierberg (735 m, ca. 3,5 km) oder über Sturmkogel Richtung Pichlberg (einfache Strecke 4–5 km).

e) **Schlagerboden – Frankenfelsberg:** Hervorragendes Höhengelände mit verstreuten Bergbauernhöfen und freie, sonnige Kammrücken, Sh. 760–941 m, überwältigende Aussicht, ÖK. 72.

Zufahrt auf der Schlagerbodenstraße (von der Bundesstraße zwischen Frankenfels und Puchenstuben abzw.) bis zum Scheitelpunkt beim Haus Höbarten. Östl. die Kammfläche entlang (mehrere Zäune) oder neben dem Güterweg in den Sattel zwischen den Höfen Wiesel und Haag hinab. Hier nördl. auf die Kammhöhe und diese in wechselnder Neigung herrlich entlang zum höchsten Punkt (6 km, östl. unterhalb die Jausenstation Rottenstein); zurück in derselben Spur.

R 107 bis 110 für Ergänzungen.

ÖTSCHERHOCHLAND

111 In vielen Einzelheiten der „klassischen nordischen Landschaft" ähnlich, wie sie in Niederösterreich durch das Waldviertel verkörpert wird, bietet das Hochland im O des Ötschers zugleich die schönsten alpinen Szenerien des Landes. Vereint mit der größtmöglichen Schneesicherheit, die in den nordöstl. Alpen zu erwarten ist, bilden daher die Gemeinden Annaberg, Mitterbach und Puchenstuben – selbstverständlich mit dem Ötscherdorf Lackenhof – neben dem hohen Waldviertel den Höhepunkt für den Langlaufsport in Niederösterreich!

Der Ötscher selbst wird hier nicht berührt, sondern ragt als imposante Kulisse jenseits der Erlaufschluchten auf – sein Profil mit dem Rauhen Kamm gehört wie der Schneeberg zu den beherrschenden Berggestalten der steirisch-niederösterreichischen Kalkalpen. Das Langlaufgelände befindet sich vielmehr auf den hochgelegenen Verflachungen des Ötschervorlandes. Diese nehmen um Puchenstuben die Sattelzonen zwischen den tief eingeschnittenen Tälern von Nattersbach (Pielach) und Erlauf ein; das anschließende Hochland von Wastl am Wald gilt als ein „Sibirien Niederösterreichs"! Im Annaberger Lassingtal befinden sich die etwas tiefer gelegenen Mulden in sanft geformten Schiefergesteinen, die geräumigen Hochtalgründe setzen sich zwischen den Bergstöcken von Tirolerkogel und Sulzberg in das Walstergebiet fort. Um Mitterbach erstreckt sich eine durch die Eiszeit geformte Landschaft mit Terrassenflächen, Moränenhügeln und seichten Bacheinrissen bis gegen Mariazell.

Die Witterungs- und Schneeverhältnisse werden aber unmittelbar durch den Ötscher beeinflußt. In seinem Stau lagern sich gewaltige Schneemassen ab, gegen S zu verringern sich die Niederschläge etwas. Die Höhenlage um 900 bis 1100 m schützt das in den letzten Jahren zeitweise kostbar gewordene Weiß zumeist vor den in tieferen Gebieten folgenschweren Warmlufteinbrüchen. Zugleich ist die Nebelhäufigkeit, im Vergleich zum Vorland oder dem Waldviertel, auffallend gering!

Auf das Wallfahrerwesen zurückgehend, sind die Fremdenverkehrseinrichtungen vorzüglich. Neben dem alpinen Massenbetrieb (an Wochenenden sehr starker Besuch) entdecken und fördern die Berggemeinden nun auch den hier traditionell verwurzelten, aber im Überschwang der Lifterschließung zeitweilig vergessenen nordischen Wintersport. Besondere Vorzüge des Gebietes sind die leichte Erreichbarkeit und die Fülle von Angeboten an Loipen, Schiwanderungen und Pisten (für Nichtlangläufer oder als Abwechslung!). Gastronomie und Beherbergungsbetriebe genügen selbst verwöhnten Ansprüchen und sind auch auf starken Andrang eingestellt; in den Winterferien sind die Quartiere meist ausgebucht, weshalb man sich rechtzeitig anmelden sollte.

Informationen:
Fremdenverkehrsverband Ötscherland
Informationsstelle in 3250 Wieselburg, Volksfestplatz 3, Tel. 0 74 16 / 26 92.

Zufahrten:
Mit öffentlichen Verkehrsmitteln – Mariazeller Bahn über St. Pölten, Postauto Wien – Mariazell (Eilkurs über Autobahn).
Von Westautobahn/St. Pölten auf der Bundesstraße Nr. 20 über Lilienfeld und Türnitz nach Annaberg und Mitterbach (Abzw. zum Wastl), Piechlachtalstraße ab St. Pölten nach Puchenstuben und Wastl am Wald (auch von Westautobahn/Ybbs über Scheibbs). Bei starkem Schneefall sind auf den Bergstrecken Ketten nötig!

LOIPEN

112 Annaberg:

Das als Sommerfrische und Wallfahrtsziel bekannte „schönste Bergdorf Niederösterreichs" liegt in einem 976 m hohen Sattel zwischen Traisen- und Erlaufgebiet (Türnitzgraben bzw. Lassingtal). Die gut ausgestattete Fremdenverkehrsgemeinde (Hotelhallenbad, Sauna; Gemeindeamt Tel. 0 27 28 / 82 45) bietet zwei getrennte, in Charakter und Schwierigkeit sehr unterschiedliche Loipensysteme, die durch zahlreiche Schiwanderungen sowie durch die beliebten Reidl- und Pfarrbodenlifte ergänzt werden. Die Landschaft ist besonders durch den herrlichen Ötscherblick ausgezeichnet!
Ausrüstungsverleih – Annaberg Nr. 23 (Altes Amtshaus); Gh. Lassinghof (Rudolf Hinteregger).
Langlaufunterricht – Schischule Prokop, Tel. 0 27 28 / 82 08.

a) **Scheiblingberg-Loipe:** Die Anlage umrundet von Annaberg aus den Scheiblingberg und verläuft stets auf einer als Waldlehrpfad ausgebauten Forststraße. Große Teile im Wald und daher sehr schneesicher und windgeschützt, dazwischen freie Flächen mit eindrucksvollem Fernblick. Nur wenige Flachstücke, eher sanft geneigt bis steil, für geübte Wanderer und sportliche Läufer; Lg. 6,5 km (eigentliche Laufstrecke 5,5 km), Sh. 976–1140 m.

Vorgesehene Route: Annaberg – Oberstall – Jochgrund – Gscheid – „Halterhäusl" (Parkplatz der Riegelackerlift-Bergstation) – entlang der Bundesstraße nach Annaberg.

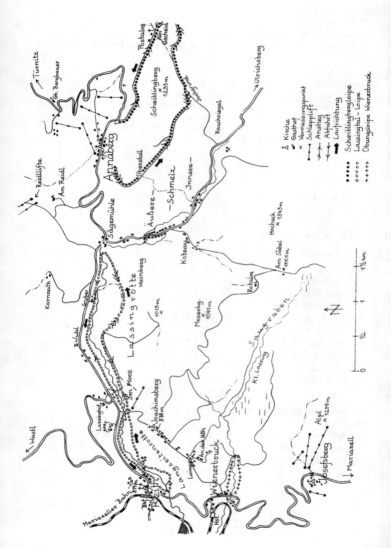

Wesentlich lohnender ist jedoch folgender L a u f v o r s c h l a g (Gesamtlg. 13 km, Entfernungstafeln an der Loipe in umgekehrter Reihenfolge): Vom erwähnten Parkplatz (Wegweiser zum Tirolerkogel!) eben bis sanft steigend mit Ausblick gegen das Hennesteck bis zum Gscheidsattel (1020 m, Abzw. zum Tirolerkogel R 122 a). Zügig bergab zur „Walsterkreuzung" und rechts durch den Graben zunächst ziemlich steigend, dann flacher in den idyllischen Jochgrund. Die folgende Waldstraße steigt steil zur Bergecke bei der Holzknechthütte an, den folgenden „Schlag" mit Blick auf Hocheck, Sulzberg und Göller fast eben querend, wird am Waldrand der höchste Punkt erreicht (ca. 3,5 km, auch bis hierher schon sehr lohnend). Konditionsstarke Läufer fahren nun zum Oberstall ab, dessen anmutige Almmulde den Ötscher in voller Pracht zeigt (der folgende steile Weg nach Annaberg ist kaum befahrbar!), und kehren nach Auslaufen dieser Fläche wieder auf derselben Spur zurück (beim Anstieg zum „Schlag" zweigt nördl. eine ziemlich flache Forststraße ab, die bis zu einer malerischen Felsecke lohnend verfolgt werden kann, zusätzlich 1 km, nicht gespurt, keine Weiterfahrt nach Annaberg!).
Bei der Rückfahrt kann von der „Walsterkreuzung" östl. in das Walstertal weitergelaufen werden (nicht maschinell gespurt, aber meist gut befahrbar, zwischen schönen Waldrändern stets leicht bergab bis zum Walster-Ursprung, 1,5 km, 945 m; bei der Talbiegung R 122 b auf den Tirolerkogel). Der flache Talgrund setzt sich noch fast 2 km bis zur Ulreichsberger Straße fort. Zurück in derselben Spur, ansteigend bis zum Gscheid, dann leichte Abfahrt zum Ausgangspunkt.
Diese Routenwahl hat auch den Vorteil, daß man die bei hartem Schnee schwierigen Abfahrtsstücke schon vorher kennenlernt. Den anschließenden Besuch von Annaberg sollte man keinesfalls versäumen!

b) Lassingtal-Loipe: Diese sehr beliebte und lohnende Loipe verläuft im Großen Lassingtal, das sanft geneigt und sonnig zwischen Sägemühle und Reith auf den Ötscher zuläuft. Gesamtlg. 10 km, Sh. 800–860 m. Zwei Schleifen mit Kreuzung „Im Moos" – Richtung Reith flache und völlig unschwierige Runde von ca. 3,5 km Lg.; Richtung Sägemühle der längere Rundkurs mit leicht welligem Gelände im sonnigen Talgrund und stärker ansteigender Forststraße im Waldhang oberhalb des Lassingbaches, ca. 6,5 km. Einstiegmöglichkeiten – Parkplatz beim Sportplatz kurz nach Sägemühle, bei der Abzw. der Joachimsbergstraße „Im Moos" (beschränkte Parkmöglichkeit, oberhalb Gh. Lassinghof), beim Sportgelände (Tennisplatz und Freibad) in Reith.

Geübte Läufer beginnen beim Sportplatz Sägemühle, wärmen sich in zügigem Lauf durch das Lassingtal hinab rasch auf, passieren die Reither Runde und haben nach den beiden stärksten Anstiegen beim Rücklauf im Waldhang nur mehr eine schnelle Abfahrt zum Ausgangspunkt.

Völlig unschwierig ist folgende Strecke – von der Joachimsberger Abzw. „Im Moos" zuerst auf die mühelose Runde Richtung Reith, die wenig rechts die Joachimsberger Straße wieder erreicht. Wechsel zum Ausgangspunkt und auf der im Talgrund nahe der Straße verlaufenden Loipe mit leichten Anstiegen bis zum Fußballplatz in Sägemühle, dann auf derselben Spur zügig dahingleitend zum Ausgangspunkt zurück (ca. 9 km).

Neben dem herrlichen Ötscherblick sind die besonders bei Rauhreif bezaubernden Strecken entlang des Lassingbaches ein Vorzug dieser Loipe, bei Schlechtwetter muß man aber auch die Windausgesetztheit im offenen Talgrund berücksichtigen!

c) Übungsloipe – Wienerbruck: Von den Hotels in Wienerbruck aus wird beiderseits des Kleinen Lassingbaches eine leichte, flach verlaufende Loipe mit ca. 1,5 km Lg. gespurt.

113 Mitterbach am Erlaufsee:

Am Fuß der als Schigebiet und Aussichtsberg bekannten Gemeindealpe liegt die Fremdenverkehrsgemeinde Mitterbach (Gemeindeamt Tel. 0 38 82 / 21 26). Sie verfügt im obersten Talboden der Erlauf über eine sehr schöne und vorzüglich gespurte Loipe, die über die Wasserscheide und Landesgrenze hinweg mit der Mariazeller Anlage verbunden ist.

Das Moränengelände, die sumpfigen Bachmulden und die hügeligen Terrassenflächen vermitteln mit ihren Fichtenwaldrändern und Birkengruppen auch landschaftlich einen nordischen Eindruck, zu dem die alpinen Gipfel, neben der Gemeindealpe noch die Zellerhüte und die Mariazeller Bürgeralpe, einen reizvollen Kontrast bilden. Unmittelbar benachbart sind die Sesselbahn und die Schlepplifte am Fuß der Gemeindealpe, Hallenbad und Sauna im nahen Mariazell.

Ausrüstungsverleih und Langlaufunterricht: Schischule Digruber (Tel. 0 38 82 / 34 7 22) und Schischule Hinteregger (Tel. 0 38 82 / 31 60), Verleihkiosk am Parkplatz des Gemeindealpen-Sessellifts.

a) Sport-Klepp-Loipe: Sonniger, leichter Rundkurs mit ganz geringen Höhenunterschieden rund um die „Schwörwiese" südl. des Ortes; Lg. 3 km, Sh. 790–810 m; Loipeneinstiege beim Liftparkplatz an der Seestraße und im Ortszentrum beim Friseur Rauscher.

b) Erlauf-Loipe: An der Schleife der Klepp-Loipe abzw. Doppelspur als Verbindung zur Mariazeller Loipe, tlw. im Wald, keine Schwierigkeiten, nur ein scharfer Riegel nach der Erlaufüberque-

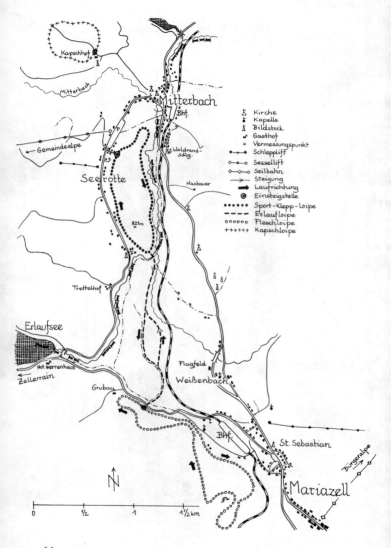

rung; Lg. fast 2 km, Sh. 810–835 m. Einstiegsmöglichkeit an der Mariazeller Seestraße beim Gh. Waldschenke.

c) **Flesch-Loipe:** Im Gebiet von St. Sebastian/Mariazell gelegene, hervorragend schöne Loipe auf den terrassenförmigen Fußflächen des Rasingberges, vorzüglich mark. und gespurt, herrliche Ausblikke über die Mariazeller Paßlandschaft, auf den Gnadenort und die im Hintergrund aufragenden steirischen Berge (Sauwand, Tonion, Student); Lg. 5 km (rote Mark.) oder 2,1 km (blaue Mark.), Sh. 835–867 m; vorwiegend sonnig, sanft bis mäßig geneigt.

d) **Erlaufsee-Loipe:** Nach der Schleife der Klepp-Loipe abzw., nicht immer gespurt (oberhalb der Seestraße am Hansbauern vorbei Richtung Erlaufsee).

e) **Kapsch-Loipe:** Rund um eine flache Wiesenterrasse beim Kapschhof nordöstl. unterhalb der Gemeindealpe; Lg. ca. 1,5 km, Sh. 860 m, Zufahrt von der Seestraße bei der evang. Kirche abzw.

f) **Laufvorschlag:** Parkplatz Sessellift – Klepp-Loipe bis Schleife – Erlauf-Loipe – Flesch-Loipe – über Erlauf- und Klepp-Loipe zurück nach Mitterbach (sehr schönes Langlauferlebnis, Gesamtlg. 9 km).

114 Puchenstuben:

Die Fremdenverkehrsgemeinde Puchenstuben (Gemeindeamt Tel. 0 27 26 / 238) besitzt auf dem südl. über dem Bergdorf anschließenden Hochplateau (Sh. über 1100 m!) ein besonders schneesicheres und landschaftlich lohnendes Loipensystem. Die im Wald- und Schlaggelände angelegten Spuren sind abwechslungsreich und bieten von den abgerundeten Höhenkuppen über die begrenzenden, tief eingeschnittenen Talabgründe hinweg malerische Ausblicke über die Voralpen, auf den Ötscher und zu den obersteirischen Bergen. Bei Schlechtwetter ist die große Höhe und Staulage zu beachten (starke Niederschläge und aufliegende Wolkendecken, aber eher windgeschützte Lage).

An den Loipen liegen die Liftanlagen Turmkogel und Wastl, Hotelhallenbad und Sauna im Ort, erstklassiges Kurhotel in Gösing!

Ausrüstungsverleih – Berghaus Turmkogel (Tel. 0 27 26 / 291).

Langlaufunterricht und Ausrüstungsverleih – Schischule Puchenstuben (Tel. 0 27 26 / 221).

Zufahrt und Einstiegsmöglichkeit – auf der Bundesstraße von Puchenstuben zum Gh. Wastl am Wald, davon abzw. schmale Seitenstraße zum Berghaus an der Turmkogellift-Bergstation; von Annaberg bei der Kreuzung im Lassingtal abzw. über die Paßhöhe hin-

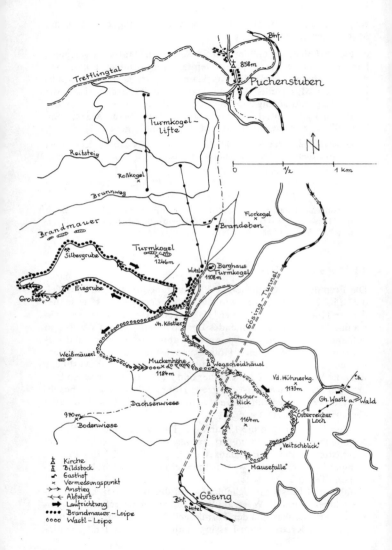

weg zum Gh. Wastl am Wald und Richtung Puchenstuben zum Berghaus abzw. (bei starkem Schneefall Ketten nötig!).

a) **Loipe „Brandmäuer":** Großteils sonnige Runde am Südhang der Brandmäuer mit mittelsteiler Aufstiegsschleife und langgestreckter, eher sanfter Abfahrt, vom Wendepunkt überwältigender Ötscherblick. Lg. 5 km, Sh. 1100–1200 m, gelb mark., mäßig schwierig. Ausgangspunkt – Berghaus Turmkogel.

b) **Loipe „Wastl am Wald":** Eher schwierige, aber abwechslungsreiche und anspruchsvolle Loipe, vom Berghaus Turmkogel an die Loipe a anschließend, in einer weitläufigen Achterschleife mit Kreuzung beim Wegscheidhäusl bis nahe dem Gh. Wastl am Wald, von wo eine Zubringerspur besteht. Vorwiegend Waldgelände mit einigen Schlaglichtungen, Lg. 8 km, Sh. 1100–1180 m, rot mark., stark wechselnde Neigung mit einigen Steilstücken.

c) **Laufvorschlag:** Berghaus Turmkogel – Brandmauer – Haus Köstler – rechts abzw. zum Wegscheidhäusl – Kammhöhe der Wastl-Loipe – Gh. Wastl am Wald (auch günstiger Ausgangspunkt!) – Wastl-Loipe links abzw. oberhalb Gösing – Wegscheidhäusl – Turmkogel (13 km, sehr lohnend).

R 115 bis 120 für Ergänzungen.

ABSEITS DER LOIPEN

121 Neben alpinen Schiwanderungen und Abfahrten bietet das Gelände im Ötscherhochland auch gute Voraussetzungen für Touren auf Langlaufschiern. Einerseits gibt es sanft geneigte Hochtalböden und hochgelegene Verflachungen, die nicht von Loipen erfaßt werden, andererseits sind manche Gipfel breitflächig ausgebildet oder im Steilgelände durch Forststraßen aufgeschlossen. Orientierungsschwierigkeiten und Wegverbote treten eher selten auf. Wegen der großen Höhe sind aber sicherlich die hier häufiger vorkommenden großen Neuschneemengen und die alpinen Verhältnisse zu beachten, d. h. relativ große Abgeschiedenheit und Gefährdung bei extremer Wetterlage.

122 Tirolerkogel:

Einer der wenigen, auf Langlaufschiern gut zu bewältigenden hohen Voralpengipfel mit reichlich gegliedertem Höhengelände und hervorragender Aussicht; traditionelles Tourenziel von Annaberg aus; Lg. ca. 5–8 km, Sh. 970–1377 m, ÖK. 73.

a) **Entlang der Mark.:** Auf der Loipe R 122 a zum Gscheid und geradeaus auf rot mark. Fahrweg um den Ahornberg herum (bei hoher Schneelage abschüssige Querung und Lawinengefahr, dann besser auf b und durch das Specktal zur Gipfelfläche (1½–2 Std., Annaberger Haus im Bau).

b) **Über die Ebenbaueralm:** Landschaftlich hervorragende, aber weitläufige Tour, Lg. 8 km, Höhenunterschied 400 m.
Von Annaberg auf der Loipe R 112 b Richtung Walster-Ursprung, bei der Talgabelung (970 m) aber geradeaus auf der Forststraße weiter, ein Stück sehr steil zum Sattel der Ebenbaueralm (Ausblick zum Gippel, rechts an der östl. Kammseite zum Törlstein, 1186 m). Die Forststraße wendet sich links in einer weiten Schleife über den Schlag hinauf und endet am Weidezaun. Diesen überschreitend auf einen steilen Wiesenhang und zwischen einzelnen Baumgruppen hinauf in sanfteres Gelände. Man hält sich nun nach rechts in den Sattel beim Lackenkogel, trifft dort auf die Dachsental-Mark. und umrundet auf einem neuen Forstweg links haltend den Lindkogel. Weiter unmittelbar hinan zum Gipfel oder lohnender rechts am Waldrand gegen die Kalte Kuchel und am Abbruch der Ödwaldmäuer entlang wieder links über die Gipfelkuppen zum Annaberger Haus (3–4 Std., nur bei guten Sichtverhältnissen, herrliche Fotomotive!).

123 Sabel und Walster:

Einsame Sattelübergänge in der Sulzberggruppe zwischen Annaberg – Fadental – Mitterbach, Besteigung der Bichleralpe möglich; Lg. ca. 12 km, Sh. 860–1066 bzw. 1378 m, ÖK. 73 und 72; zwei Anstiege mit 200 m Höhenunterschied, tlw. bez. Wege.

a) **Über den Sabel:** Annaberg/Sägemühle – Schmelz – Kotenau – Sabel – Sattel 1066 m (rechts abzw. Forststraße zur äußerst lohnenden, aussichtsreichen Bichleralpe) – Gh. Labenbacher in Fadental (ca. 2 Std., keine Orientierungsprobleme, bis auf die steile Abfahrt vom Sabel leicht!), weiter wie bei b oder c oder gleicher Rückweg.

b) **Rundwanderung Walster – Fadental:** Auch vom Hubertussee als kleine, unschwierige Tour sehr lohnend; Zufahrt von Annaberg über Ulreichsberg bzw. vom Kernhofer Gscheid. Gh. Fadental – Schwarzwalster – Tiroler Kreuz – Hubertussee – Klauskirche – Schnittlermoos-Forststraße – Fadental.

c) **Über den Markstein:** Etwas schwieriger Weiterweg zur Postautohaltestelle in Mitterbach-Friedenstein; Fadental – Grenzgraben – Markstein – Mühlgraben – Friedenstein, rot – 691 bez.

124 Joachimsberg – Rotalm:

Vom sanften Übungsgelände des aussichtsreichen Joachimsberges als Rundtour über den Moserkogel und durch den Saugraben nach Wienerbruck; Lg. ca. 11 km, Höhenunterschied 260 m, ÖK. 72 und 73; nur für erfahrene Langläufer mit gutem Orientierungsvermögen!

a) Hervorragendes Übungsgebiet für den Langlauf in ungespurtem Gelände auf dem sanften Höhenrücken von **Joachimsberg,** sonnig und herrliche Aussicht, bei windigem Wetter ungünstig (auf die östl. Kammseite ausweichen!). Am besten von der Kirche die rundlichen Kuppen entlang bis zum Krapfenbauer oder von Wienerbruck ab Hotel Gamsjäger rechts haltend um den Bergkegel herum (auch von der Loipe aus) zu den Häusern „An der Höh" und nördl. weiter bis zur Kirche (ca. 2 km, Höhenunterschied 100 m).

b) Von der Joachimsberger Kirche östl. auf Fahrweg zum Waldrand und auf der folgenden Forststraße rechts haltend am Moserkogel vorbei zur **Rotalm** (Sh. 874–1040 m).

c) Von der Rotalm zum **Sabel** (1020 m, R 123 nach Fadental oder links über Schmelz zur Loipe R 112 b), nicht unproblematische Abfahrt durch den Saugraben – links haltend unterhalb von Bichleralpe und Alpl zur Wienerbrucker Loipe, rechts haltend zur Forststraße Richtung Krapfenbauer.

125 Annaberg – Wastl am Wald – Reith:

Touristisch bemerkenswerte und bei guten Schneeverhältnissen sehr lohnende Überschreitung, allenfalls mit Hennesteck, schöne Waldlandschaft mit Ötscherblick: Lg. ca. 22 km, Sh. 860–1135–820 m, ÖK. 73 und 72.

Vom Sportplatz Sägemühle kurz auf der Straße Richtung Reith und rechts auf Güterweg zum Karnreiter, am Waldrand zur blauen Mark. von Annaberg nach Wastl am Wald. Diese entlang zunächst steiler durch den Wald schräg aufwärts, in freierem Gelände bergab zur Nazbauernalm und um den Bergrücken des Hüttenfeldes herum nördl. wieder ansteigend auf Forststraße zu den flachen Mulden „Am Eck" (rechts R 126 b zum Hennesteck). Hier links meist gespurt durch ein kurzes Waldstück (1135 m) leicht abwärts zum Halbartschlager und auf den herrlichen „Böden" mit Traumblick gegen den über den Wäldern emporwachsenden Ötscher am rechten Waldrand entlang. In der Nordwestecke des zweiten großen Bodens (siehe auch R 126 a) über

den Waldrücken hinweg zur Straße und kurz zum Gh. Wastl am Wald (2–3 Std., erst halbe Strecke!).
Auf der Straße Richtung Gösing hinab bis nach der scharfen Kehre (960 m) und auf den gelb mark. Waldwegen tlw. bergab zum Annakreuz, wo die grüne Mark. nach Reith hinabführt (ca. 2 Std.). Auf der Lassingtal-Loipe 5 km zurück zum Ausgangspunkt.

126 Wastl am Wald – Hennesteck:

Eine der hervorragendsten Langlauftouren des Landes, leichtes und romantisches Laufgelände auf den „Böden" und unproblematischer Gipfelaufstieg, meist einfach gespurt; Lg. 3,5–10 km, Sh. 1075–1334 m, ÖK. 72 und 73.

a) **Auf den Böden:** Zufahrt vom Annaberger Lassingtal Richtung Puchenstuben ca. 5 km bis zum Beginn des flachen Geländes vor der Paßhöhe oder vom Gh. Wastl über die Paßhöhe bis zum geräumten Parkplatz am Straßenrand (1100 m).
Auf der Forststraße nordöstl. bergab in die eigenartige Karstmulde „Auf den Böden", eine von Nadelwald umrahmte riesige Lichtung, über deren hügeligem Westrand bald der Ötscher als kühne Felspyramide auftaucht. Am rechten Rand zu einer Engstelle und über die folgende Fläche bis zum Haus Halbartschlager (1094 m). Beim Rückweg wird die hier nordwärts ziehende Wiesenbucht ausgelaufen und nach der Engstelle (schönster Ötscherblick!) der große Boden umrundet, zuletzt wieder ansteigend zum Ausgangspunkt. Lg. ca. 3,5 km, Einfahrt mäßig geneigt, sonst flach, ideal für Anfänger und Genießer!

b) **Zum Hennesteck:** Vom Halbartschlager östl. durch ein Waldstück ansteigend zur freien Fläche „Auf dem Eck" (1135 m, schöner Ausblick vom Plateaurand ins Pielachtal). Dann allmählich immer stärker ansteigend in derselben Richtung weiter bis in den waldigen Hintergrund des Hochtals, wo man sich rechts auf die flache Kammhöhe hinauswendet (ca. 1280 m, 4 km, großartiger Ausblick zum Ötscher und bis zu den Hochalpen). Zum Gipfel nordöstl. etwas steiler ansteigend (1334 m) oder den Kamm Richtung Ötscher entlang bis zum Hüttenfeld (1257 m). Abfahrt entlang der Aufstiegsspur, bei leichtem Tiefschnee günstiger als bei harter Oberfläche!

127 Schiwandern in Puchenstuben:

a) **Mäuerlberg und Klauswald:** Lohnend und mit schönen Aussichtspunkten, aber tlw. stark geneigt, nur für sichere Läufer; Lg. ca. 11 km, Sh. 800–1100 m, bez., ÖK. 72.

Auf dem grün mark. Wanderweg von Puchenstuben an den Mäuerlbergpisten vorbei nördl. über die Tanzgrube um den Mäuerlberg herum zum Sattel beim Haus Kreuzthonen (870 m, Höhenunterschied ca. 100 m). Links und gleich wieder abzw. auf der Forststraße unmark. auf das Klauswaldmassiv hinaus, bei Wegkreuzung (881 m) rechts aufwärts, um die Eisgrube herum und auf der Kammfläche rechts aufwärts zu einer Gipfelkuppe mit Jagdhaus (1100 m). In derselben Spur zurück bis zur Kreuzung 881 m, dort rechts abwärts zum Haus Aufental (805 m). Nun wieder den mark. Schiwanderweg entlang über die Wiese hinauf und vom Ötscherbankerl auf dem Waldweg zurück nach Puchenstuben.

b) **Brunnweg – Roßwiese:** Auf der Straße von Puchenstuben bis kurz nach der Abzw. zur Talstation der Turmkogellifte. Hier rechts abzw. auf den grün mark. Fahrweg, der im Nordhang der Brandmauer gegen das Kesseleck führt (hin und zurück 6 km).

c) **Reitsteig:** Von der Talstation des Turmkogelliftes II rot mark. Forststraße durch den Brandebenwald zum Kesseleck (hin und zurück 9 km).

R 128 bis 134 frei für Ergänzungen.

YBBSTALER ALPEN

135 Die von der Enns bis zur Erlauf reichenden Ybbstaler Alpen sind eine ungemein vielfältige Landschaft mit den typischen Erscheinungsformen des Kalkgebirges, wie verkarstete Hochflächen mit steilen Randabbrüchen, langgezogenen Kammlinien und Hochmulden, Schluchten, Karen und dem vielfach gewundenen, trogartig oder als Durchbruchsstrecke geformten Lauf der Ybbs. Das Landschaftsbild beherrscht der von Felskanzeln durchsetzte Bergwald, nur die höchsten Gipfel ragen über die Baumgrenze auf, freies Gelände findet man in den sanft geformten Hochtälern, Karen und auf Terrassenflächen. Die Lage im W des Bundeslandes bewirkt reichlichere Niederschläge und – in Verbindung mit der entsprechenden Höhenlage – auch eine relativ große Schneesicherheit.

Die Voralpen der „Eisenwurzen", wie das Gebiet auch benannt ist, werden im N durch die Linie Waidhofen – Ybbsitz – Gresten von den rundlichen und wenig bewaldeten Höhen der Flyschzone getrennt, die beim Mostviertel behandelt werden. Entlang der Landesgrenze im S und östl. im Erlaufbogen nehmen die Ybbstaler Alpen trotz einer deutlich unter 2000 m bleibenden Gipfelhöhe mit Ötscher, Dürrenstein und Hochkar auch hochalpine Formen an. Ihr besonderer Reiz für Langläufer besteht darin, daß sie hier den nordischen Sport mit einem oft großartigen alpinen Landschaftserlebnis verbinden können.

Die Fremdenverkehrsorte, als bekannte Sommerfrischen in dem von einer romantischen Schmalspurbahn durchzogenen Ybbstal gelegen, haben sich bereits auf den Langlauf eingestellt. Die Loipen sind jedoch trotz einiger recht ansprechender Anlagen eher nur von lokaler Bedeutung – mit Ausnahme von Lackenhof, das in Niederösterreich auch in dieser Hinsicht führend ist. Andererseits sind die touristischen Möglichkeiten, welche von Langläufern genützt werden können, überaus vielfältig und lohnend, weshalb der Abschnitt „Abseits der Loipen" hier besonders intensiv behandelt wird.

Ob es sich um einfache Waldwanderungen, Rundtouren von hochgelegenen Ausgangspunkten, voralpine Bergfahrten oder schwer erreichbare hochalpine Plateauflächen handelt, immer wieder ergibt sich die Notwendigkeit zur Benützung von Forststraßen. Bei deren Anlage wurde in den Ybbstaler Alpen wahrlich nicht sparsam verfahren, oft unter großem Schaden für das Landschaftsbild und mit Zerstörung ursprünglich erhaltener und schützenswerter Naturbestände, aber in diesem Fall wenigstens nicht zum Nachteil für die Langläufer!

Trotzdem sind die Ybbstaler Alpen touristisch nicht so einfach wie andere Landesteile zur Begehung mit Langlaufschiern geeignet, denn wegen des durchwegs schroffen Landschaftscharakters ist eine gründliche Gebietskenntnis zur Auswahl geeigneter Routen unerläßlich. Wer also von den Loipen zum Tourenlauf „umsteigen" möchte, findet in diesem Kapitel ein reichhaltig aufgearbeitetes Betätigungsfeld aller Schwierigkeitsgrade, es können jedoch nur wenige Routen auch für Anfänger empfohlen werden!

Informationen:
Fremdenverkehrsverband Ybbstaler Alpenvorland – Mostviertel
3340 Waidhofen an der Ybbs, Tel. 0 74 42 / 25 11–17.
Fremdenverkehrsverband Ötscherland
3250 Wieselburg an der Erlauf, Volksfestplatz 3, Tel. 0 74 16 / 26 92.

Zufahrten:
Von Westautobahn/Ybbs auf B 25 in das Erlauftal (vor Scheibbs abzw. Richtung Gresten und Ybbsitz) und in das Ybbstal bis Lunz und Göstling; von Amstetten-West in das Ybbstal auf B 121 und B 31 (für Opponitz und Hollenstein günstiger); Paßstrecken wie Grubberg oder Hochkar bei Neuschnee mit Ketten!
Bahnverbindung relativ günstig in Pöchlarn bzw. Amstetten von der Westbahn abzw. (Erlauftalbahn bzw. Gesäusestrecke), Schmalspurbahn Kienberg-Gaming bis Waidhofen, Postautokurs Kienberg – Lackenhof.

LOIPEN

136 St. Anton an der Jeßnitz – Hochberneck:

Kleine Sommerfrische im engen Waldtal des Jeßnitzbaches, Zufahrt in Neubruck Richtung Puchenstuben; knapp vor dem Ort rechts die Abzw. zum Schigebiet Hochberneck am Nordrand des Naturparks Ötscher-Tormäuer (steile, aber meist gut geräumte Bergstraße, Schlepplifte). Von den weiten, sonnigen Bergwiesen beim Gh. Hochberneck schönster Blick zur Nordseite des Ötschers, Ausrüstungsverleih im Almhaus. Gemeindeamt Tel. 0 74 82 / 82 40.

a) **Klauswald-Loipe:** Mark., aber nicht maschinell gespurt, Lg. 5 km, Sh. 920–1040 m (von der Liftstation nach O in den Wald zu Forststraße, auf dieser mit zwei Kehren links hinauf zur großen Wiese bei der Aussteigstelle des Liftes und über den Ochsenhaltkogel nach W zum Parkplatz, oberhalb der Straße zurück zum Gh.).
b) **Waldwiesen-Loipe:** Lg. 8 km, Sh. 920–1100 m. Erweiterung der Klauswald-Loipe, indem man bei der 2. Kehre der Forststraße abzw., auf altem Karrenweg über großteils neu bepflanzte Blößen (ehem. Talwiese) zur Forststraße auf dem Gipfelrücken aufsteigt und diese noch ca. 1 km nach O verfolgt.

137 Gresten:

Bevorzugter Erholungsort im Kleinen Erlauftal (Sh. 407 m, Gemeindeamt Tel. 0 74 87 / 23 10 bzw. 22 40), Zufahrt von Wieselburg oder auf B 22 von Saffen (bei Scheibbs). Schöne, flache

Übungswiesen nördl. und östl. des Ortes (z. B. Übergang nach Reinsberg).
Zufahrt nach S zur Loipe im Wiesergraben (Gemeinde Gresten-Land), ca. 4,5 km bis zum Gh. Durlmühle, Loipen maschinell gespurt.

a) **Loipe 1:** Lg. 7 km, Sh. 470–580 m; meist ziemlich eben stets entlang des orographisch rechten Ufers der Kleinen Erlauf auf lauschigem Waldweg oder schönen Wiesen direkt neben dem Bach fast bis zum Hof Oberau. Gleiche Rückfahrt.

b) **Loipe 2:** Lg. 4 km, Sh. 470–530 m; kleine Rundtour in das Wiesental beim Hof Unter Lueg, etwas steilere kurze Abfahrt.

138 Gaming:

Zwischen Waldbergen inmitten eines weitläufigen Talkessels gelegener Ort mit ehem. Kartäuserkloster, Sh. 430 m, Ausrüstungsverleih – Sporthaus Matschi.
Kleine, nur selten maschinell gespurte Loipe bei der Umbergsiedlung (1 km) und in der Großgaming (2,5 km).

139 Lackenhof:

Zur Gemeinde Gaming gehörendes Kirchdorf direkt am Fuß des Ötschers, das sich in den letzten Jahren zum führenden Wintersportzentrum Niederösterreichs entwickelte (Sh. 810 m, vielfältige Lift- und Pistenanlagen, Unterbringung in ausgezeichneten Hotels und Pensionen, Sauna, Hallenbad). Das im N gelegene, hügelige Waldgebiet bietet günstige Möglichkeiten zum Langlauf, die Loipen sind stets bestens gespurt und gehören zu den landschaftlich schönsten Anlagen der nordöstl. Alpen! Austragung von Wettkämpfen; Information Tel. 0 74 80 / 286.
Zufahrt – B 25 bis Grubberg, links abzw. über Markstein hinunter zu B 71 und in Maierhöfen abermals links abzw. nach Lackenhof.
Ausrüstungsverleih – Schischule Mandl (Tel. 0 74 80 / 250, Langlaufunterricht), Einkaufstadl Lengauer (Tel. 0 74 80 / 266), Sporthotel (Tel. 0 74 80 / 332), „Langlaufwirt" Digruber (Tel. 0 74 80 / 276, Umkleidekabinen, Dusche, Sauna, Wachsraum).
Startplätze zu den Loipen: 1. Ötscherwiese (1,5 km auf der Raneckstraße), 2. Waldkapelle (1 km auf der Raneckstraße), 3. Sonnenhof (nördl. Ortsrand), 4. Ötscherlift, 5. Weitental (Mittelstation des Ötscherliftes).

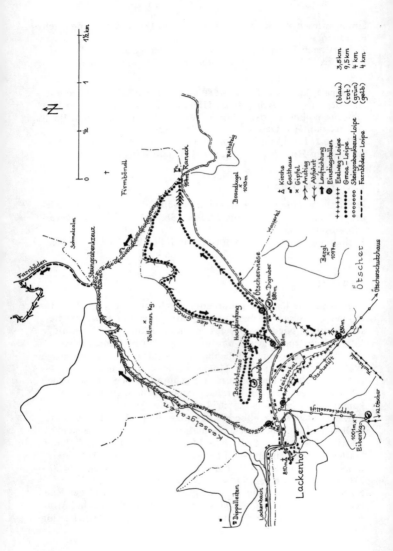

a) **Gmoa-Loipe:** Rot mark., Lg. 7 km, Sh. 860–980 m; beliebteste Anlage. Vom Startplatz 2 zu Startplatz 1 ca. 1,25 km durch Wald, vorbei an den Häusern der Ötscherwiese und mit längerem Anstieg zum Ranecksattel (herrlicher Ötscherblick!). 300 m nach NW in Richtung Steingrabenkreuz und links abzw. eben durch Wald zum „Gmoaweg", der in langer, mäßig steiler Abfahrt zum Startplatz 2 zurückführt.

b) **Bockhörner-Loipe:** Rot mark., Lg. 2,5 km, Sh. 880–920 m. Kurzer Abstecher von der Gmoa-Loipe 0,5 km nördl. von Startplatz 1 nach W über eine wunderschöne, wellige Wiesenfläche zur Mandlbodenhütte (Imbisse, Getränke) am landschaftlich schönsten Punkt. Kurze Steilabfahrt!

c) **Eselweg-Loipe:** Blau mark., Lg. 3,5 km, Sh. 820–890 m. Von Startplatz 4 fast eben durch die Wiesenmulde des Weitentales 1 km zu Startplatz 5, Überquerung der Straße, sanfter Anstieg auf Waldweg zur Ötscherwiese. Vom oberen Waldrand lohnender Abstecher nach S über herrliche Waldwiesen.

d) **Steingrabenkreuz-Loipe:** Grün mark., Lg. 4 km, Sh. 820–1020 m. Von Startplatz 3 auf anfangs ebener, später immer steiler werdender Straße (bis 20%, als Abfahrt verboten!) durch den Kesselgraben zum Waldsattel (Kreuzungspunkt mehrerer Wege) beim Steingrabenkreuz. Mäßig steile Abfahrt nach SO hinunter zur Abzw. der Gmoa-Loipe oberhalb von Raneck.

e) **Farrenböden-Loipe:** Gelb mark., Lg. 2 km, Sh. 1020–1070 m; neue Erweiterung des Loipennetzes in Richtung Gföhler Alm.

140 Lunz am See:

Durch den gleichnamigen See bekannte Sommerfrische in einem weiten Talkessel der Ybbs, unmittelbar an den Ausläufern des Dürrensteinmassivs (Sh. 600 m, Schigebiet auf dem Maißzinken). Aurüstungsverleih – K. Garnweidner, Ybbsstraße 9; Gh. Stamminger (Umkleide- und Duschmöglichkeit, Tel. 0 74 86 / 362). Loipen maschinell gspurt, ausgehend vom Gh. Stamminger in der Seeau, inmitten einer lieblichen Moränenlandschaft nordwestl. des Lunzer Sees.

a) **Loipe 1:** ¼ km, ebener Rundkurs um die Wiese „Kleinseeau" direkt beim Gh. Stamminger.

b) **Loipe 2:** Lg. 2 km, Rundkurs mit leichten Abfahrten um die Wiesen Kleinseeau und Großseeau.

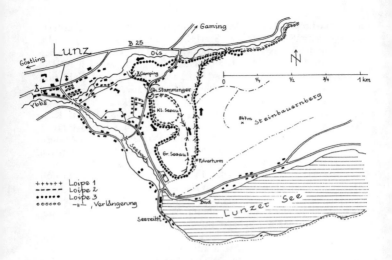

+++++ Loipe 1
----- Loipe 2
••••• Loipe 3
ooooo -"-, Verlängerung

c) **Loipe 3:** Lg. 4 km, abzw. von Loipe 2 beim Pulverturm; flacher Anstieg auf Fahrweg und schwierige Abfahrt hinunter zu einer Oisbrücke in der Hinterleiten. Entlang der Ois talaus zum Campingplatz und zurück zum Gh.
Auf ungespurtem Weg kann das orographisch linke Ufer der Ois noch ca. 1 km flußaufwärts verfolgt werden – landschaftlich sehr schön, allerdings heikle Engstellen.

141 Göstling an der Ybbs:

An der Einmündung der breiten Talfurche des Göstlingsbaches in das Ybbstal gelegener alter Hammerort, beliebte Sommerfrische, Sh. 530 m; Zufahrt auf B 25 und auf dieser noch 7 km nach Lassing, dem Ausgangspunkt für das Schigebiet Hochkar.
Ausrüstungsverleih – Gunther Heim, Lassing 24; Sportcenter Göstling; Auguste Jagersberger, Stixenlehen 90.

Loipen maschinell gespurt, Austragung von Wettkämpfen, sehr ambitionierte Langlaufjugend (Auskünfte Gemeindeamt Tel. 0 74 84 / 22 04).
a) **Loipe Göstling:** Lg. 2 km, ebener Rundkurs vom östl. Ortsrand bis zum Gh. Kögerlwirt (Abzw. der Straße in die Steinbach).

b) **Loipe Strohmarkt:** Lg. 4 km, leicht welliger, enger Rundkurs auf den sonnigen Hangterrassen südl. von Göstling.
c) **Loipe Lassing:** Lg. 5 oder 4 km, Sh. 620–700 m. Start und Ziel knapp vor der Abzw. der Hochkarstraße beim Hof Oberhaus (Ausrüstungsverleih). Nach den ersten Kehren in Richtung N sehr steile Abfahrt in einen Graben und am anderen Ufer talein durch schüt-

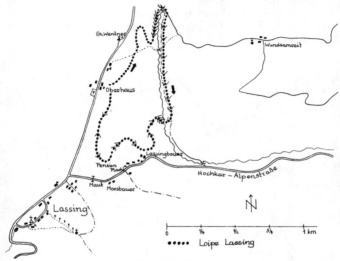

teren Wald, zuletzt sehr steil zu den Wiesen des Lassingbauern hinauf. Sanfte Abfahrt mit mehreren Bögen zurück zum Ausgangspunkt. Abkürzungsloipe ohne Steilabfahrt und stets entlang des Waldrandes.

142 St. Georgen am Reith:

Die Ortschaften St. Georgen und Kogelsbach liegen in einer Talweitung des Ybbstales, Sh. 500 m, umringt von sehr hohen Waldbergen (Königsberg, Friesling und Oisberg). Schlepplift, Buffet beim Hof Riesenlehen in Kogelsbach, Loipe maschinell gespurt.
Loipe: Lg. 5,5 km, Sh. 490–520 m; meist eben über Wiesen in der Nähe der Bundesstraße von Riesenlehen bis zur Zufahrtsbrücke von St. Georgen (Tankstelle). Nur auf halbem Weg („Drecknase") geringer Anstieg.

143 Hollenstein:

An der großen Ybbsschleife gelegener historischer Hammerort inmitten einer wunderschönen Bergwelt (Sh. 460 m, im S die Steilabstürze von Gamsstein und Voralpe).
Ausrüstungsverleih – Schuhhaus Kefer, Tel. 0 74 45 / 344.
Langlaufunterricht – Schischule E. Auer, Tel. 0 74 45 / 598.
Großes Schigebiet auf dem Königsberg, das Großprojekt Gamsstein (Zufahrt 7 km durch den Sandgraben) scheiterte 1982. Loipen maschinell gespurt.

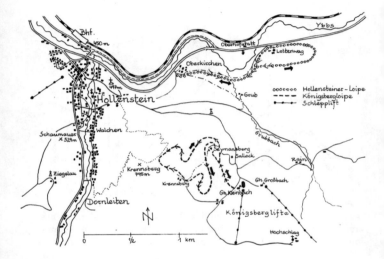

a) **Loipe Oberkirchen:** Lg. 4 km, Sh. 690–770 m. Ausgehend vom Sportplatz östl. der Kirche zu den Häusern von Oberkirchen, nach kurzem Anstieg Querung eines Waldstückes beim Grubbach und Abfahrt zum Hof Lettenwag (weite Wiesen neben der Bundesstraße).

b) **Loipe Königsberg:** Lg. 4 km, Sh. 690–770 m. Start und Ziel beim Gh. Kleinbach in unmittelbarer Nähe der Schlepplifte (steile Zufahrt, Parkplätze). Abwechslungsreicher Loipenverlauf in der nordwestl. gelegenen Hügellandschaft des Grenzberges mit herrlichen Ausblicken zur Voralpe.

144 Opponitz:

In einem Seitental des von hier an immer enger werdenden Ybbstales idyllisch gelegene Ortschaft, ringsum herrliche, von Bergbauernhöfen geprägte Landschaft (Sh. 420 m, Gemeindeamt Tel. 0 74 44 / 280).
Zufahrt – auf der B 31 nach SW 2 km bis zum Schloß Seeburg und links abzw. über Brücke zur Siedlung Gstad (Hst. Seeburg der Ybbstalbahn).
Loipe: Lg. 2–4 km (je nach Bedarf). Ganz eben über große Wiesen unmittelbar neben der hier noch besonders urigen Ybbs. Möglichkeit für ebenen Weiterweg bis fast nach Kleinhollenstein (rot bez., ungespurt, meist durch die Pferde der Reitschule Ybbstal zertrampelt!), aber auch flußabwärts über weite Wiesenflächen bis zum Tunnel der Ybbstalbahn. Loipe maschinell gespurt.

145 Waidhofen an der Ybbs:

An der Grenze zwischen der hügeligen Flyschzone und den ersten Waldbergen der Kalkalpen ungemein reizvoll gelegene Stadt mit noch gut erhaltenem mittelalterlichem Stadtbild (Sh. 360 m). Schigebiete auf dem Schnabelberg und in Oberland (8 km südl., bereits in OÖ!), Loipen maschinell gespurt.
Ausrüstungsverleih – Fa. H. Zeillinger, Unterer Stadtplatz 14.
Langlaufunterricht – Schiverband H. Broscha, Tel. 0 74 42 / 26 1 65.
a) **Loipe Oberland:** Lg. 5 km, Sh. 490–520 m; Start beim Werk Forster in Oberland, freie Wiesen in Richtung Gaflenz.
b) **Loipe Pantherkogel:** Lg. 3 km, Sh. 880–940 m; Zufahrt auf der Schnabelbergstraße vorbei am Gh. Hochpöchl, Umrundung einer wunderschönen Bergwiese („Hahnreithwiese").

R 146 bis 150 für Ergänzungen.

ABSEITS DER LOIPEN

151 Hochberneck – Klauswald:

Anspruchsvollere Rundtour oder Übergang nach Puchenstuben, nicht bez., Lg. ca. 8 km, Sh. 870–1100 m; meist entlang von Forststraßen, prächtiger Ötscherblick, ÖK. 72.

Vom Hochberneck (R 136) auf der Waldwiesenloipe zum Bergrücken des Klauswaldes, wo eine Forststraße nach O führt. Nach den ersten größeren Blößen (Talwiese) nördl. am Turmkogel vorbei (1130 m, meist stark verwächtet!) und bald danach rechts abzw. (linke Straße zu den herrlichen Blößen des Grünangers) Abfahrt zur Karstmulde „Eisgrube". Östl. davon (bei Straßenabzw. rechts) schließlich fast eben zum Wiesensattel beim Haus Kreuzthonen (782 m) und Weiterweg nach Puchenstuben auf R 127 a.
Für die Rundwanderung bereits östl. der Eisgrube auf einer Straße nach W abzw.! Diese führt sanft fallend zur Wiese beim ehem. Talbauern, dann allerdings entlang des rot bez. Weges sehr steiler Anstieg zurück nach Hochberneck.

152 Pockau-Runde:

Rundtour um den Pockaugraben zwischen Gaming und Reinsberg, ÖK. 72, tlw. rot bez., Lg. ca. 13 km, Sh. 520–820 m; steile Anstiege und Abfahrten, sehr schöne Ausblicke in das Ötscherland. Auf der Straße Gaming – Reinsberg von der Abzw. beim Gh. Zechmeister 3 km bis zum Ausgangspunkt.

Güterweg Sinisreith – Kl. Lindeben – Sattel zwischen Schneebühel und Hohenaß – Schlag – Brunn – Ort – Hirm – Sattel der Reinsberger Straße (740 m) – Kraxenberg – Bichl – Pockaustraße. Die Varianten über Kapleralm – Kappenberg, Hochkienberg – Liebochalm, Runzelberg – Diensbergsattel – Gresten (ÖK. 71) sind wegen der steilen Anstiege und problematischen Abfahrten sehr schwierig.

153 Oberamt – Buchberg:

Romantische Wanderung durch das abseitig gelegene Bauerngebiet zwischen Ybbsitz und Gresten, unbez., Lg. ca. 13 km, Sh. 480–810 m; ziemlich schwierige Abfahrt, ÖK. 71.

Zufahrt von Ybbsitz 7 km über Ungermühle zum Gh. Teufl in Oberamt. Auf der Straße nach O zur Hubertuskapelle und links auf der Schwarzenbergstraße zum ersten Haus (Leithen). Hier links abzw. zu den Höfen Hinterthron und Stockreith, wo ein Weg durch dichten Wald an der Nordseite des Schwarzenberges nach Mehlberg führt (680 m). Nun nach links auf Forststraße nordwestl. hinauf zum Buchberg (Kammhöhe am Waldrand westl. des Gipfels – einer der großartigsten Aussichtspunkte des Mostviertels!). Stets am freien Kamm (zuerst steile Abfahrt) nach W bis zum letzten Wiesensattel oberhalb eines verfallenen Hauses. Hier links über den Waldrücken des Schallauberges hinweg und in sehr steiler Abfahrt den Südhang hinunter nach Niederbuchberg. Nach O zum Nachbarhof und auf altem Weg oder rechts davon über Wiesen (zuletzt links halten!) hinunter zur Straße am Erlenbach, diese entlang noch ca. 1 km talaus zum Gh. Teufl.

154 In der „Schwarzlucken":

Rundwanderung und Gipfeltour im Gebiet des Friesling, ÖK. 71, tlw. rot bez., Lg. ca. 14 km, Sh. 530–1000 (1340) m; meist auf Forststraßen mit steilem Anstieg und tlw. steile Abfahrten durch einsame Waldgebiete, schwierig, aber touristisch lohnend; Zufahrt zum Ausgangspunkt von Ybbsitz über Maria Seesal zur Straßenbrücke unterhalb des Hofes Krapfenleiten (11 km).

Krapfenleiten (oberhalb des Hauses überaus steil rechts haltend – Schier abschnallen – über Wiesen und ein kurzes Waldstück zu einer langgezogenen Wiesenfläche) – Almbauer – Kalbinnenweide – Sattel westl. der Forsthöhe (1000 m) – Sattel 887 m oberhalb der Jörglkapelle – Bachleralm – Feierabendgraben – Reitl – Meierhofeben – Ausgangspunkt.
Auf den **Friesling** (Lg. 5 km, 300 m Höhenunterschied, entlang von Forststraßen, bei günstigen Verhältnissen lohnend): Kalbinnenweide – Thüringerboden – Lackenboden – Gipfelkreuz (1340 m, günstigster Aussichtspunkt für Ybbstaler Alpen und oberes Ybbstal).

155 In der Prolling:

Wanderung in einem idyllischen Talkessel mit mehreren Bergbauernhöfen südl. von Ybbsitz, nicht bez., Lg. ca. 6 km, Sh. 580–680 m, ÖK. 71; Zufahrt von Ybbsitz durch die „Not" oder von Opponitz über die Kleine Kripp.

Beim Hof Stadel knapp südl. der Schule von der Straße nach SO abzw. auf einem Güterweg in Richtung Friesling und von diesem nach 1 km rechts sehr idyllisch durch eine Wiesenmulde, vorbei an mehreren Häusern sanft ansteigend, zuletzt links drehend hinauf zu den ausgedehnten Wiesenflächen beim Hof Thüring (Schlepplift). Kurze Abfahrt zur Kleinen Kripp und entlang des Quellbaches in Straßennähe (leider viele Zäune!) zurück zum Ausgangspunkt.

156 Zürner-Tischbretter:

Höhenwanderung südwestl. von Gaming, tlw. bez., Sh. 850–1090 m, ÖK. 71; Ausgangspunkt die Abzw. des Güterweges Schlageben von der Zürnerstraße (4 km von Gaming, steile Bergstraße, auch gut als Rodelbahn geeignet!).

a) **Auf den Zürner** über den Güterweg Schlageben und die Forststraße zum Jagdhaus Plätzen, dort links tlw. verwachsen zum Gipfelkamm, der sich ca. 2 km gegen W verfolgen läßt.
b) **Über die Tischbretter zur Hochalm:** Auf der linken Straße entweder über Summerau auf rot bez. Weg oder über Mais auf einer Forststraße zur Hochwiese, fast eben durch Wald zu einer einsamen Bergwiese, dann rechts hal-

tend zum Hof Hochalm (günstiges Langlaufgelände auf der westl. gelegenen Hochfläche von Roterd). Eventuell Abfahrtsmöglichkeit entlang der Hochalmstraße zur Hst. Pfaffenschlag und Rückfahrt mit der Bahn nach Gaming.

157 Grubberg-Runde:

Abwechslungsreiches Gelände in unmittelbarer Nähe der B 25 in einer lieblichen Paßlandschaft, nicht bez., Lg. ca. 6 km, Sh. 730–820 m, ÖK. 71; schöne Ausblicke zum nahen Ötscher- und Dürrensteinmassiv.

Ausgangspunkt beim Grubbergwirt (Schlepplift), südl. zum Hof Grubwies, auf einer Forststraße nach W und knapp vor deren Ende durch Wald 200 m links hinunter zur Hüttgrabenwiese („Märchenwiese"). Am Südende auf Güterweg zu den Kothgrabenhäusern, Überquerung der B 25, kurz nach N und rechts Richtung Lichtenau. Nach kurzem Steilanstieg links haltend auf den Wiesenrücken (herrlicher Ausblick, im SW bis zu den Gesäusebergen!) und östl. hinunter zur B 71, daneben ein schmaler Wiesenstreifen zu den Grubbergwiesen.

158 Schindelberg-Runde:

Schöne Wanderung im Polzberggebiet über zahlreiche einsame Bergwiesen, tlw. bez., Lg. ca. 13 km, Sh. 720–900 m, ÖK. 71 und 72.

Unmittelbar hinter dem Grubbergwirt auf der von der TG Gaming benützten Abfahrtspiste über die ersten flacheren Wiesen nach O und über einen Zaun zur Polzbergstraße, auf dieser über die Polzbergkapelle zum Haus Polzberg. Auf dem rot bez. Weg Richtung Lackenhof durch einige Wiesenmulden nach SO, in einem Waldstück rechts auf Forstweg flotte Abfahrt, zuletzt über freie Wiesen zum Hof Größbach. Nach W durch ein enges Waldtal in den Grießbachgraben, talaus auf einer Straße bis zur zweiten Abzw. und rechts über Unter-Schindelberg, später durch Wald nach N zurück zur Polzbergkapelle und in der Anstiegsspur zum Grubberg.

159 Gaming – Lackenhof:

Eine Standardwanderung des Gebietes, die auch mit Langlaufschiern möglich ist, allerdings langer Steilanstieg und eine kurze, überaus schwierige Abfahrt, rot bez., Lg. ca. 12 km, Sh. 430–900 m, ÖK. 72. Es wird durchwegs die Mark. verfolgt, nur unterhalb der Polzbergkapelle besteht eine Ausweichmöglichkeit auf Forststraßen nach rechts zum Gsollsattel nördl. des Föllbaumberges, und nach der Steilabfahrt vom Hof Freudenthal steigt man jenseits der Straße steil zum rot bez. Radelweg auf, der nach Lackenhof führt.

160 Gföhler Alm:

Landschaftlich überaus lohnende Tour von Lackenhof, aber stellenweise sehr mühsam und technisch anspruchsvoll, schwierige Orientierung, nicht bez., Lg. fast 20 km, Sh. 730–1300 m, ÖK. 72.

Von der Mark. Lackenhof – Gaming beim Dachsberghof auf Forststraße in das Waldgebiet des Polzberges und steil weglos nach N auf einen Sattel im Kammrücken, der über „Reitahorn" (Reitkogel, großartiger Ötscherblick) – Stierhaltkogel verfolgt wird. Querung zur Gföhler Alm und über freie Schläge oder eine an der Nordseite des Rainstocks verlaufende Forststraße zum Gipfel. Abfahrt völlig weglos und tlw. verwachsen über den südöstl. Waldrücken zum Steingrabenkreuz beim Lackenhofer Loipengelände.

161 Lackenhof – Kerschbaum:

Rundtour am Nordfuß des Ötschers, stets entlang von Forststraßen und meist im Wald, fast durchgehend bez., Lg. ca. 14 km, Sh. 860–1020 m, ÖK. 72.

Loipe zum Ranecksattel und NS-Weitwanderweg zum Hof Kerschbaum, hier nach W auf einer Straße über Beikogel und Steingraben, wo links eine Straße abzw., die südl. über die Farrenböden zurück zum Loipengelände knapp vor dem Steingrabenkreuz führt.

162 Ötscher – Gemeindealpe:

Lohnende Überschreitung, im ersten und letzten Stück jedoch sehr schwierig, rot bez., Lg. ca. 13 km, Sh. 1250–1620 m, ÖK. 72.

Ötscherhaus (Liftstation) – alte Abfahrt schwierig zum Riffelsattel. Querung oberhalb der Dirndlmäuer überaus schwierig und lawinengefährlich, daher mit Anstieg Richtung Kleiner Ötscher höher oben querend (sehr gefährlich und schwierig) und mit kurzer Steilabfahrt auf dem Grat hinab zum mark. Weg, der über die Feldwiesalm zum Eisernen Herrgott führt (lohnender am Kamm über die Breimauer). Schwierig ein kurzes Stück in eine Gratsenke und immer steiler am ausgesetzten Rücken zum Terzer Haus auf der Gemeindealpe (Sessellift nach Mitterbach).

163 Ötscherstraße:

Ausgedehnte Wanderung zwischen den Bahnhöfen Annaberg und Mitterbach, unbez., Lg. fast 30 km, Sh. 540–950 m, ÖK. 72; schöne Ausblicke in die Schluchten und zu den Südabstürzen des Ötschers, wegen zahlreicher Abzw. Orientierung nicht leicht.

5 km auf geräumter Straße nach Erlaufboden, wo das lange Abenteuer beginnt! Zuerst steiler Anstieg in mehreren Kehren hinauf zum gewaltigen

Felsdurchbruch auf dem Bärengang und entlang der sonnigen Südseite des Ötschers mit unzähligen Windungen bis zum Spielbichler. Entlang der Schattseite talaus bis zum Forsthaus Hagengut (ehem. Holzfällersiedlungen!), danach am Beginn des Stausees Erlaufklause rechts abzw. nach Mitterbach.

164 Feldwiesalm:

Sanftwellige Hochfläche (Sh. 1280–1460 m) südl. der Ötschergräben mit ausgedehnten Almwiesen, eines der schönsten Langlaufgebiete Niederösterreichs in schneesicherer Höhenlage, allerdings nicht gespurt! ÖK. 72.

a) **Vom Erlaufsee:** Lg. ca. 8 km, fast durchgehend auf neuer Forststraße, Wettkampf – Brunnsteinlauf.
Beim Gh. Seewirt am Westende des Erlaufsees (832 m) abzw. über Steinbachgraben – Erlaufursprung zur Brunnsteinalm und nach N zur Halterhütte am Eisernen Herrgott.

b) **Vom Zellerrain:** Kürzester Zustieg und mittelschwere Abfahrt ab 1120 m. Unmittelbar von der Paßhöhe (Gh., häufig von der Mariazeller Seite Ketten notwendig!) auf Fahrweg zum Hechtbauern (einst höchstgelegener Bauernhof!) und rechts über steile Wiese und durch Wald zum Sattel bei der Brunnsteinalm. Weiter zum Eisernen Herrgott oder links haltend zur Halterhütte auf der Feldwiesalm.

c) **Von Taschelbach:** Entweder direkt durch die bewaldete Grabenmulde nach N steil hinauf zum ersten Plateaurand bei der Schwarzkogelhütte (rot bez. Weg) oder flacher auf einer links abzw. Forststraße, eben weiter nach N und entweder links zum Molterboden oder rechts zur Halterhütte auf der Feldwies.
Ideale **Rundtour** durch Verbindung von b und c!

165 Neuhaus-Oistal:

Ungemein reizvolle Dolomitlandschaft südl. von Neuhaus, die durch mehrere Forststraßen aufgeschlossen ist, sich als äußerst schneesicher erweist (Sh. über 1000 m) und sich immer größerer Beliebtheit erfreut! Verschiedene Rundtouren, bezüglich Schwierigkeit und uriger Abgeschiedenheit als Höhepunkt die Begehung des hintersten Oistales. ÖK. 72.
Neuhaus – kleines Bergdorf an der Straße Lunz – Mariazell (Taverne und Schlepplift derzeit nicht in Betrieb), Wegteilung knapp hinter dem letzten Haus südl. der Kirche.

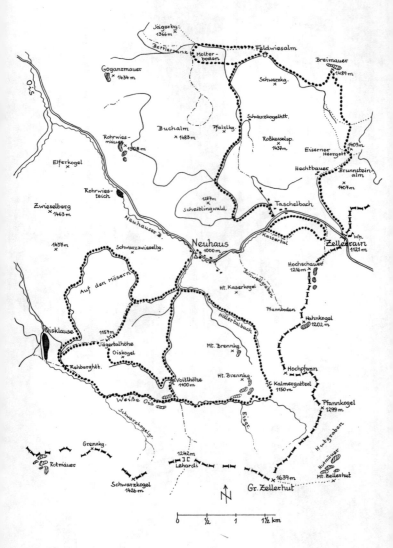

a) **Forststraße Mösern** – flacher Anstieg und sanfte Abfahrt zur Oisklause; ausgedehntes Waldgebiet östl. des Zwieselberges mit mehreren Blößen auf einer flachwelligen Hochfläche, wo einst der letzte Bär des Ötschergebietes erlegt wurde!
b) **Jägertalhöhe** (1157 m) – etwas steiler Fahrweg über einen Waldsattel hinweg zur Oisklause, auch Abfahrt nicht leicht!
c) **Forststraße Voitlhöhe** (1102 m, Falthöhe) – führt direkt nach S, an einer großen Hirschfütterung vorbei, später allmählich steigend, jenseits kurze, mittelsteile Abfahrt, leichteste Verbindung ins Oistal.
d) **Höllertalbach** – auf der am weitesten nach links ziehenden Forststraße, später in wildromantischer Landschaft in den immer enger werdenden Graben hinein, zuletzt stark steigend zum Kalmergatterl (1146 m, als Abfahrt nicht geeignet, herrlicher Blick zum Großen Zellerhut) und wenige Meter steil hinunter in den hintersten Oisgraben.
e) **Oisgraben:** Vom Stausee der Oisklause zunächst eben über Wiesen, vorbei an der Rehberghütte, wo bald die großartige Dolomitlandschaft beginnt. Die zahlreichen Windungen des Baches müssen meist gequert werden, da die extrem steilen Prallhänge unpassierbar sind (bei hoher Schmelzwasserführung durch 2–3 m tiefe senkrechte Rinnen zeitweise sehr problematisch!). Die größten Schwierigkeiten knapp unterhalb der Einmündung von d bei einer verfallenen Klause, wo am orographisch rechten Talhang über extrem steiles Gelände ausgewichen werden muß. Nur für sehr gewandte und touristisch erfahrene Läufer!

Laufvorschläge: Leichte Rundwanderungen sind b – a und a – e – c; technisch schwierige, bei ungünstigen Verhältnissen problematische Rundtouren sind d – e – c und d – e – a (große Runde mit ca. 16 km Lg.).

166 Neuhaus – Sagerwirt:

Landschaftlich sehr interessante Talwanderung entlang der Ois im Bereich der B 71 bis zur Abzw. der Marksteinstraße, Lg. ca. 22 km, Sh. 1150–630 m, ÖK. 72 und 71.

R 165 zur Oisklause – Rotwaldstraße – Holzhüttenboden; talaus und rechts über Brücke zum letzten Haus, auf einer Wiese am orographisch rechten Ufer zur Unterbrechungsstelle an einem in den Fluß senkrecht abfallenden Steilhang, extrem steil schräg rechts zu neuer Forststraße, die zum Saurüsselboden hinunterführt (allenfalls Umgehung entlang der Bundesstraße) – idyllische Auwälder in der Langau (jenseits der Gh. Pölzl) – zur B 71 und über Straßenbrücke kurz zurück – rechts abzw. auf Fahrweg unter der Gamingmauer – neue Straße zum ehem. Waldbahnhof südl. von Maierhöfen (jenseits Straßenabzw. nach Lackenhof) – rot bez. Weg nahe der ehem. Waldbahn durch die Gapenau (Abzw. zum Lunzer See) – mit kurzer Steigung zu den Wiesen bei der Oisreith-Brücke zur B 71 (100 m vor Straßenabzw. Richtung Gaming).

167 Rotwaldgebiet:

Abgelegenster Grenzwinkel Niederösterreichs mit Urwaldrelikt am Südosthang des Dürrensteins (Begehung nicht gestattet und zu mühsam). Einsamste Wanderungen durch die weiter südl. gelegenen Waldgebiete in urigstem Gelände, keine bez. Wege!
Zufahrt sehr umständlich – von Fachwerk im Salzatal über Klaus zur kleinen Siedlung Rotwald (über 20 km!), weiter Zugang von Neuhaus über Bärenrißsattel (anfangs wie R 165 b).
Laufvorschlag: Kapelle Rotwald – Zierbach – Beinhüttenboden – Jagdhaus Langböden – Bärenrißsattel – Tiefer Grund – Rotwald; fast durchwegs auf meist nicht geräumten Straßen, Lg. ca. 16 km, Sh. 750–1080 m, ÖK. 102 und 72.

168 Dürrenstein:

Mächtiges, hochalpines Kalkmassiv südl. von Lunz mit mehreren Hochflächen, die allseits in steilen, teils felsdurchsetzten Hängen abbrechen. Das wildromantische Lunzer Seental zieht, begrenzt von Scheiblingstein und Hetzkogel, bis in Gipfelnähe, der Verbindungskamm zum Hochkarmassiv trennt die riesigen Talkessel von Rotwald und Steinbach. Auf den östl. Hochflächen die abgeschiedene Grubwiesalm und die Herrenalm, im W in einem weiten Kessel die Legsteinalm, weiter nördl. die Wiesenalm mit dem einzigen Schutzhaus, der Ybbstaler Hütte (1344 m, ÖAV, Wintersperre).
Auf den Hochflächen schönes und schneesicheres Gelände für den Langlauf, durch die langen, lawinengefährdeten Zustiege und die tlw. sehr schwierigen Abfahrten nur für konditionsstarke, technisch gewandte und touristisch erfahrene Läufer; ÖK. 71, Kompaß und Höhenmesser unerläßlich, nur bei besten Schnee- und Sichtverhältnissen!

a) **Lunzer See – Hetzkogel:** Tlw. bez., Lg. ca. 25 km, Sh. 610–1430 m; fast durchgehend auf Forststraßen, aber im Talbereich lawinengefährlich und auf der Hochfläche schwierige Orientierung.

Gh. Seehof – Seetal (Schneeräumung meist bis zum Mittersee, danach zahlreiche Lawinenkegel!) – Obersee. Umrundung des Obersees ist empfehlenswert, eventuell Erweiterung von der Blöße südl. des Sees über einen Waldrücken nordwestl. zum Rotmoos und nördl. zur weiterführenden Forststraße.

Forststraße (ehem. Reitsteig) vom Obersee durch riesiges Waldgebiet nach NW zur Seekopfalm hinauf und nach N zur Poschenalm (westl. im Grünloch der Kältepol Mitteleuropas mit −52° C!). Bei Überquerung des nördl. Hochplateaus nahe den Abbrüchen in den Lechnergraben über Waldrücken und einstige Almlichtungen. Zuletzt durch dichten Wald ganz im N auf die neue Forststraße, die über Planeck und Lärchenstein den gesamten Steilhang des Kleinen Hetzkogels mehrmals querend zu den Wiesen oberhalb von Poschenreith hinunterzieht. Nach rechts Forststraße über den Seekopfsattel hinweg zurück zum Ausgangspunkt.

b) **Steinbach – Ybbstaler Hütte:** Rot bez., Lg. ca. 7 km, Sh. 600–1340 m; ziemlich steil entlang eines Fahrweges, als Abfahrt sehr schwierig. Ausgangspunkt – Straßenabzw. bei Fischteich im Steinbachtal (6 km von Göstling).

Gleich nach dem ersten Anstieg besser rechts abzw. entlang des Almweges über den Waldrücken südl. des Almwaldbaches. Vom Sattel oberhalb der „Höll" (1194 m) entlang von Felsabbrüchen (bei Lawinengefahr vom Sattel direkt rechts über den Grat!) in das Hochtal zur Ybbstaler Hütte.

c) **Runde von der Ybbstaler Hütte:** Nicht bez., Lg. ca. 9 km, Sh. 1300–1570 m; technisch sehr schwierig, meist innerhalb der Krummholzregion.

Von der Wiesenalm nordöstlich über einen Sattel (1455 m) mit steiler, schwieriger Abfahrt rot bez. zum „Almgatterl" (1320 m, zwischen Lechnergraben und Grünloch). Weiter zur Paschenalm und Seekopfalm. Vom Sattel ein kurzes Stück durch Wald nach SO, bis rechts die etwas verwachsene Mulde des Mautentales vorbei am auffälligen Tor des Ofenlochs zum Grat zwischen Hühnerkogel und Roßeck hinaufzieht. Jenseits des flachen Sattels (zwei große Dolinen) schöne Abfahrt nach links in den weiten Kessel der Legsteinalm und entlang des bez. Weges fast eben talaus zur Ybbstaler Hütte.

d) **Herrenalm – Goldspitze:** Nicht bez., Sh. 1330–1460 m, landschaftlich überaus lohnend, jedoch schwierige Orientierung, gleicher Rückweg.

Aufstieg zur Herrenalm für Langläufer sehr problematisch und Abfahrt fast unmöglich! Am kürzesten durch die Dagles, jedoch extreme Steilstelle im Gebiet des Wasserfalls, vom Obersee relativ kurzer Steilanstieg mit 300 m Höhenunterschied zum Lehardikreuz.

R o u t e n v e r l a u f : Herrenalm – Sattel südl. des Kegelstattkogels – Gaminger Boden – Grubwiesalm – Gsollriedel – Goldspitze (nach unübersichtlichem Waldgebiet nun ideales Langlaufgelände, prächtiger Ausblick zum Dürrenstein mit dem Urwald).

e) **Herrenalm – Scheiblingstein:** Nicht bez., Sh. 1330–1540 m; landschaftlich überaus lohnend, besonders schöne Ausblicke, technisch etwas schwieriger als d), gleicher Rückweg.
Lehardikreuz – auf dem Bergkamm nach N – steile Abfahrten am Hochreiserkogel – ab Bärenleitensattel (1396 m) mehr in der Westseite – schöne Blößen zur Durchlaßalm – kurzer Steilanstieg nach NO zum Gipfel (1622 m).

169 „Lunzer Musterfalten":

Geotektonische Bezeichnung für das Gebiet zwischen Lunz und Kogelsbach-Göstling mit gleichmäßig verlaufenden Bergzügen und dazwischen eingelagerten Hochtälern, ÖK. 71.
a) **Herdengel – Steinbachmauer:** Tlw. rot bez., Lg. ca. 14 km, Sh. 700–910 m; meist entlang von Straßen, schöne Aussichtspunkte, Zufahrt von Hst. Kasten (2,5 km Bergstraße).
Herdengel – Kapelle mit Dürrensteinblick – Übelgraben – Poschenreith – Oberhof – Großes Schöpftal – Steinbachboden – Steinbachmauer (herrlicher Tiefblick auf Göstling). Rückweg auch über Forststraße am Südhang des Schöfftaler Waldberges.
b) **Kothbergtal:** Lg. ca. 5 km, Sh. 670–760 m; beliebig weit durch den Talhintergrund entlang der Straße mit Umrundungen des Hügels P. 818 m über Fürstenreith – Pramellehen.

170 Steinbach:

Landschaftlich besonders eindrucksvoller Talkessel zwischen Dürrenstein und Hochkar (durch Forststraßen tlw. sinnlos verwüstet!), Zufahrt von Göstling bis zum Jagdschloß Steinbach. Sehr schöne Wanderungen auf den fast ebenen Forststraßen durch die engen Gräben der großartigen Dolomitlandschaft – Hundsaugraben ca. 9 km, Windischbachau ca. 5 km; Goldaugraben von Ybbssteinbach. ÖK. 71.

171 Hochreit:

Ideales, meist freies Langlaufgelände in idyllischer Bergbauernlandschaft oberhalb von Göstling, schöne Ausblicke gegen Hochkar und Königsberg; rot bez., Lg. ca. 9 km, Sh. 740–880 m, ÖK. 71.
Zufahrt von Göstling auf schmaler Bergstraße zum Gh. Grub (Pension Zettel). Routenverlauf: Grub – Schöntal – Ablaß – Hochtal – Umrundung des Leckermoores – Seisenbachau – Riesen – Hintereck (steile Abfahrten!) – Grub.

172 Hochkar:

Für sportlich und touristisch überaus ambitionierte Langläufer bietet die Nordseite dieses bekannten Schiberges eine interessante Route mit steilem Anstieg und schwierigen Abfahrten; rot bez., Lg. ca. 18 km (einfache Strecke), Sh. 680–1740 m, ÖK. 71 und 101.

Routenverlauf: Haus Wundsamreit (nordöstl. von Lassing) – Sattelforststraße – Hochwurz (überaus lohnende, aber nicht leichte Überschreitung zur Schwarzalm und Wiesenalm!) – Rückfahrt oder Weiterweg zum Hochkar – Brunneckerhütte – Seelacke – Sattel nördl. der Schmalzmauer – Schrotleitnerhütte – Blachlboden – Lickaplanpiste (tlw. sehr steil und Orientierung nicht leicht, Talfahrt nach Lassing mit Postauto). In umgekehrter Richtung wegen der steilen Abfahrten nur bei entsprechend bremsender Neuschneeauflage!

173 Göstling – Hollenstein:

Überschreitung einer dicht bewaldeten Hochfläche und Weiterweg durch ein reizvolles bergbäuerliches Hochtal an der Nordseite des Königsberges; tlw. bez., Lg. ca. 18 km, Sh. 480–880 m, ÖK. 71 und 70.

Göstling – Bromreith – Zwickelreith – Lacken – Jagersberg – Brunneckreith – Enterreingrub – Brandstatt – Dörrgraben – Güterweg ins Ybbstal nach Untersteg – Hollensteiner Loipe.

174 Königsberg:

Herrliche Wanderung auf aussichtsreichem Höhenrücken nahe der Waldgrenze, Zustiege und Abfahrten auf weitläufigen Forststraßen; tlw. bez., Lg. fast 30 km, Sh. 770–1440 m, ÖK. 70 und 71. Zufahrt von Hollenstein durch den Sandgraben (Richtung ehem. Gamssteinlift).

Kleinpromau – Großer Höllgraben – Eisgrabensattel – Kitzhütte – Durnhöhe – Vierhütten/Schlageralm (Abstecher zum Schwarzkogel, 1452 m) – Siebenhütten – Garnstatt – Bodinghütte – Bodingsattel – Höllgraben.
Von Göstling aus über Zwickelreith – Kurzeck nach Siebenhütten; von Strohmarkt über Rotmoosbachtal und Simelauer Alm zum Kurzeck (rot bez. Forststraßen, als Aufstieg oder Abfahrt geeignet).

175 Gamsstein:

Während des Betriebes der Gamssteinlifte wurden ausgezeichnete Loipen östl. der Bergstation zur Niederscheibenbergalm angelegt.

Die wellige, großteils bewaldete Hochfläche des Scheibenberges ist hervorragend für den Langlauf geeignet, aber nun wieder nur mühsam auf Forststraßen zu erreichen.
Ausgangspunkt wie bei R 174 und auf steiler Forststraße nach S oder besser 2,5 km weiter östl., nahe Spannlehen, durch das Legonertal auf etwas flacherer Forststraße hinauf zum einstigen Schigebiet; nicht bez., Lg. ca. 10 km, Sh. 700–1400 m; steile Abfahrt auf den Forststraßen.

176 Opponitz:

Landschaftlich lohnende Rundtouren auf die Berghöhen beiderseits des Ybbstales, tlw. bez. und auf Güterwegen.

a) **Rehau – Pechholzkapelle – Schwarzenbach:** Lg. ca. 10 km, Sh. 440–700 m, schwierige Abfahrten, Zufahrt zum Ausgangspunkt vom Kraftwerk Opponitz, ÖK. 71.

Vom Hof Klein-Rehau rechts abzw. neben Güterweg zu den Höfen Ober-Rehau und Ober-Hintereck, steiler über eine Wiese und links durch Wald fast eben zur Pechholzkapelle. Weiterhin in wechselnder Neigung nördl. zur Wiesenmulde am „Rastbankfeld" und neben dem Güterweg talaus durch die Schwarzenbachrotte. Von dem am linken Hang gelegenenen Hof Unterschwarzenbach auf altem Weg um den westl. gelegenen Kogel herum zum Hof Steinwand (besonders schöne Ausblicke in das Ybbstal), zuletzt entlang eines Güterweges zurück zum Ausgangspunkt. Sehr lohnend!

b) **Reichenwaldberg – Kleinofenberg:** Lg. ca. 12 km, Sh. 420–960 m, ziemlich steiler Anstieg und lange Abfahrt, ÖK. 70.
Bahnhof Opponitz – Stockreithöfe – Obermitterkogel (450 m Höhenunterschied!) – Reichenwaldberg – Rabenstadl – Ofenbach – Kleinofenberg – Güterweg Richtung Opponitz (oberhalb des Kraftwerkes rechts ansteigend zum Hof Hinterstockreith und hinunter zum Bahnhof Opponitz).

R 177 bis 182 für Ergänzungen.

MOSTVIERTLER ALPENVORLAND

183 Von der Enns bis zur Traisen erstreckt sich zwischen dem Nordrand der Alpen und der Donau das Alpenvorland mit einer vielfältigen, durch die Flußebenen von Enns, Url, Ybbs, Erlauf und Pielach unterbrochenen Hügellandschaft. Die Niederschlagsmengen sind in diesem Gebiet wesentlich geringer als im südl. davon gelegenen Bergland, weshalb hier, auch wegen der geringen Seehöhe, oft nur kurze Zeit Wintersport betrieben werden kann. Dazu kommen noch im freien Gelände häufige Schneeverwehungen, beständige Hochnebeldecken und die intensive landwirtschaftliche Nutzung (Akkerflächen, Weidezäune und geräumte Güterwege).
Vorteilhaft sind demgegenüber die gute Erreichbarkeit auf der Westautobahn und der Reiz des gemütvollen Bauernlandes (zahlreiche Bauernhöfe mit Jausenstationen!). Besonderes Interesse wecken die typischen kleinen Pfarrdörfer auf exponierten Hügelkuppen, und Wanderungen über die Sandsteinrücken entlang des Alpenrandes werden bei klarer Sicht bestimmt unvergeßliche Eindrücke vermitteln.
Überraschend lohnend ist auch das Hügelland im westl. Mostviertel, wo ein wechselvolles Relief die von Vierkantern beherrschte Landschaft belebt. Für einzelne ambitionierte Orte bedeutet die Förderung des Langlaufes auch eine der ergiebigsten Möglichkeiten für den winterlichen Fremdenverkehr.

Informationen:
Fremdenverkehrsverband Ybbstaler Alpenvorland – Mostviertel
3340 Waidhofen an der Ybbs, Tel. 0 74 42 / 25 11-17.

Die Zufahrten sind bei den einzelnen Orten angegeben!

LOIPEN

184 Kilb:

Markt in einer weiten Talau des Sierningbaches, im S bereits die tlw. bewaldeten Rücken der Flyschzone (Sh. 300 m, Gemeindeamt Tel. 0 27 48 / 321). Zufahrt – von St. Pölten auf B 39 und B 29 über Obergrafendorf.
Ausrüstungsverleih – Gh. Fischl, Gh. Kettenreith, Gh. Bitterle.
Loipen – maschinell gespurt, meist durch sanftwelliges Wiesengelände, vorläufige Lg. 15 km, Sh. 300–440 m (Kilb – Heinrichsberg – Gh. Kettenreith – Rametzberg/Gh. Bitterle – Kilb; Verlängerung über Kohlenberg in Richtung Hamesberg mit steilerer Abfahrt geplant).

185 Ferschnitz:

Markt in einer weiten, von sanften Hügeln umgebenen Talmulde östl. von Amstetten (5 km von Autobahnabfahrt Amstetten/Ost; Sh. 276 m, Gemeindeamt Tel. 0 74 73 / 22 97).
Loipen bez., aber nicht maschinell gespurt, wegen geringer Schneelage selten befahrbar.

a) **Loipe 1:** Lg. 6 km, Sh. 260–300 m; entlang des Ferschnitzbaches zwischen Senftenegg und Abzw. Innerochsenbach.
b) **Loipe 2** (geplant): Lg. 15 km, Sh. 240–340 m; Ferschnitz – Senftenegg – Hügel westl. von Windischendorf – Innerochsenbach – Knötzling – Ganzing – Truckenstetten – Freydegg – Ferschnitz.

186 St. Leonhard am Walde:

Kleines Pfarrdorf in prachtvoller, aussichtsreicher Lage auf dem Höhenrücken östl. von Sonntagberg, Postauto von Waidhofen an der Ybbs. Ausrüstungsverleih – Gh. Kössl (Tel. 0 74 42 / 32 05 11).
Loipe: Maschinell gespurt, landschaftlich wunderschön, leider ziemlich windausgesetzt; Lg. 13 km, Sh. 640–730 m; stark welliges Gelände entlang von Wiesenrücken, kleinere Passagen durch herrlichen Mischwald!

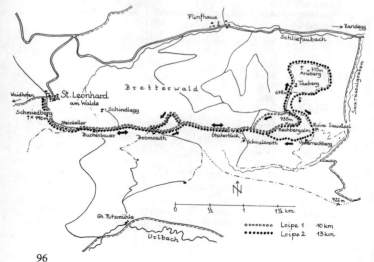

Vom westl. Ortsrand neben der Straße zum Hof Pramreit, hier vom Hauptkamm links abzw. einen Wiesenrücken hinauf (großartige Ausblicke gegen S), durch ein Waldstück zum Ötscherblick und kurze Abfahrt zum Hof Schmalzreith. Überschreitung der folgenden Wiesenkuppe (Leonhardiblick, Rechbergalm) und mittelsteile Abfahrt in den Sattel beim Hof Taxberg (Möglichkeit zu verkürzten Runden!). Umfahrung des nördl. gelegenen Ansberges landschaftlich ebenfalls sehr lohnend (Tiefblick in den Schliefaugraben, Querung eines Steilhanges mit Sandsteinfelsen). Rückkehr über Saurüssl und Unterrechberg (längerer Anstieg auf Schräghang) zum Hof Schmalzreith auf der Ausgangsspur.

187 St. Peter in der Au:

Marktort und Wanderzentrum des westl. Mostviertels in der weiten Talmulde des Urlbaches westl. des Benediktinerstiftes Seitenstetten, Zufahrt auf B 122 von Amstetten/West (Sh. 350 m), Loipen maschinell gespurt.
Ausrüstungsverleih – Gh. Wimmer, Marktplatz 10 (Tel. 0 74 77 / 23 27).

a) **Loipe 1:** Lg. 12 km, Sh. 340–400 m. Von der Straßenmeisterei am westl. Ortsrand nach S zum Burgholz (Naturlehrpfad) und vorbei am Moarteich zu den Höfen Obergassen (Mostjause) und Donner (Möglichkeiten zu verkürzten Runden). Sanfte Abfahrt durch das Bannholz und im Urlbachtal weiter bis zum Gh. Kaiser, dann talaus zurück nach St. Peter.
b) **Loipe 2** (geplant): Lg. 9 km, Sh. 330–360 m. St. Peter – Wiesenbach – Zauchatal – Gh. Lazelsberger (beim Bahnhof) – Neudaumühle – St. Peter (Schloß).

188 Weistrach:

Inmitten eines wunderschönen Bauernlandes gelegene Ortschaft mit prächtiger spätgot. Hallenkirche; Zufahrt auf der B 122, nach St. Peter rechts abzw.; Sh. 350 m, Loipen maschinell gespurt.
Ausrüstungsverleih – Gh. Kirchmayr (Tel. 0 74 77 / 23 80).

a) **Loipe 1:** Lg. 7,5 km, Sh. 340–360 m; rund um den Holzschachenwald nördl. von Weistrach, über einen flachen Rücken nach S zur Hartlmühle und entlang des Weistrachbaches zurück.
b) **Loipe 2:** Lg. 5 km, Sh. 340–360 m; ebenfalls sehr flach, über den südl. des Weistrachbaches gelegenen Rücken bis zur Fröschlkapelle und nach N zur Hartlmühle, Verbindung mit a) ergibt ca. 8,5 km Lg.

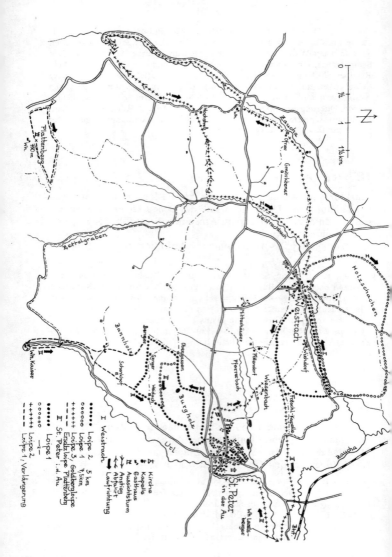

c) **Loipe 3 – Goldberg-Loipe:** Lg. 14 km, Sh. 360–520 m, selten gespurt; mit wechselnder Neigung nach SW ins Tal des Zauchabaches und stärkerer Anstieg beim Hof Dorfer, Abfahrt über Goldberg (Kapelle, Straßenkreuzung) und Hochstraß mittelsteil nach O und entlang des Weistrachbaches zurück. Bei Schneemangel eine Ersatzloipe auf dem Plattenberg!

189 Ertl:

Im ruhigen, idyllischen Seitental der oberen Url gelegene Ortschaft, umgeben von den durchwegs mit Bauernhöfen besiedelten Bergrücken der Flyschzone, Zufahrt von St. Peter durch das Urltal (Sh. 440 m bzw. 700–900 m, Gemeindeamt Tel. 0 74 77 / 23 05 01).

Trotz vorhandenen Gerätes 1984 keine gespurte Loipe, bis 1983 wurde, ausgehend vom Hof Roisslehen (neues Schigebiet mit Schlepplift), eine **Loipe über den Freithofberg** gespurt:
Steiler Anstieg über den Wiesenrücken von O, Querung nördl. des Gipfels auf Karrenweg und Abfahrt über den flacheren Westkamm zum Hof Krifter. Auf altem Fahrweg nach NO hinunter zur Straße, die vorbei am Hof Piereith (sehenswerte alte Rauchkuchl!) zurück nach Roisslehen führt. Diese Route ist wegen der großartigen Ausblicke auch ungespurt als Schiwanderung für gute Läufer sehr zu empfehlen! Geplant ist eine Loipe entlang des Urltales vom Gh. Kaiser bis Ertl.

190 St. Valentin:

Großer Industrieort in der flachen Mulde des Erlabaches (Autobahnabfahrt), Ausrüstungsverleih – Sport Spigel; Loipen maschinell gespurt (ÖAV), Start und Ziel am südöstl. Ortsrand.

a) **Loipe 1:** Lg. 3 km, fast eben am Fuß des Rohrbachberges.
b) **Loipe 2:** Lg. 8 km, Sh. 270–390 m; über den Rohrbachberg hinweg nach SO zum jenseits der Autobahn gelegenen Gh. Nagl.
c) **Loipe 3:** Lg. 16 km, Sh. 270–390 m; durch hügeliges Gelände nach S bis zum Haus Schreiberhuber in Lembach (Einkehrmöglichkeit) und in der Talmulde zurück nach N, beim Hof Stöckler Querung durch eine Wiesenmulde und durch Wald bis zur Autobahn, Rückfahrt nach St. Valentin wie bei b).
d) **Loipe 4:** Lg. 5 km, Sh. 260–270 m; beginnend beim Kunz-Markt ganz eben nach Herzograd und weiter bis in die Weindlau an der Enns, gleiche Rückfahrt.

R 191 bis 194 für Ergänzungen.

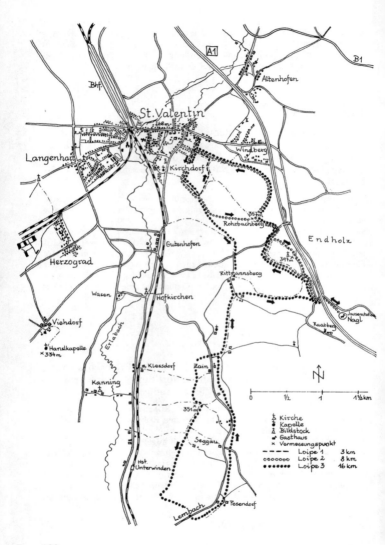

ABSEITS DER LOIPEN

195 Die zahlreichen Möglichkeiten für schöne Wanderungen können meist nur an wenigen Wintertagen ausgenützt werden. Die besten und schneesichersten Möglichkeiten gibt es auf den Rücken der Flyschzone im S, doch sind die Zustiege und Abfahrten meist schwierig. Rundtouren sind nur schwer möglich, eher Streckenwanderungen mit Benützung öffentlicher Verkehrsmittel, tlw. aber nur mit Autoabholung!

196 Rainstein – Schlagerboden:

Hervorragende Überschreitung von Scheibbs nach Winterbach, rot bez., Lg. ca. 18 km, Sh. 340–880 m, ÖK. 54 und 72; weite Strecken neben Güterwegen, aber auch mehrmals über herrliche Bergwiesen mit sehr schönen Ausblicken.

Scheibbs – bez. Weg zur Schwarzenbergwiese – Hochholz (auch entlang der Blassensteinstraße, Abstecher zur Urlingerwarte auf dem Blassenstein, 844 m) – Fahrweg nördl. des Almkogels – Rainstein (758 m, ehem. Grenzstein der Kartause Gaming!) – Wald und freie Bergwiesen über die Bergkuppe bei Schindelegg (prächtige Ausblicke ins Ötscherland) – Abfahrt neben Güterweg zum Hof Höbarten – ca. 2 km die Schlagerbodenstraße entlang nach S – geradeaus weiter auf bez. Weg über Wald- und Wiesenrücken zur Straßenkreuzung B 28/39 unterhalb Winterbach (rechts zum Gh., Bushaltestelle).

197 Purgstall – Scheibbs:

Tlw. bez. Übergang, Lg. ca. 10 km, Sh. 300–510 m, ÖK. 54; landschaftlich sehr lohnend (Blick zum Ötscher und ins Große Erlauftal), meist neben Güterwegen und entlang von freien Wiesenrücken durch die Rotten Erb und Scheibbsbach.

198 Kerschenberg:

Wanderung südl. von Steinakirchen, rot bez., Lg. ca. 18 km, Sh. 320–720 m, ÖK. 53; tlw. durch Wald, sehr aussichtsreiche Höhenrücken, schwierige Abfahrt.
Hausberg – Windpassing – Molken – Lonitzberg – Heiligbrunnkapelle – Hochhof am Kerschenberg (großartige Ausblicke, gleicher Rückweg).

199 Hochkogel und Hochbirat:

Sehr schöne Höhenwanderung von Wang nach St. Leonhard am Walde, tlw. bez., Lg. ca. 18 km, Sh. 330–720 m, ÖK. 53 und 71; fast durchwegs entlang aussichtsreicher Bergrücken, meist neben Güterwegen, größere Höhenunterschiede.

Wang – Reidlingberg – steiler Aufstieg, dann immer entlang der Schneide – Hinterhof – Abstecher zum Randegger Hochkogel, 711 m – Sonnleithen – Straßensattel Randegg/Euratsfeld – Höhenstraße (Weitwanderweg Nr. 08) – Hochbirat – Zauchsattel – St. Leonhard am Walde (Autoabholung oder Nächtigung und Weiterweg nach Sonntagberg mit Bahnanschluß, siehe R 186 und 201).

200 Grestner Höhe – Ybbsitz:

Schwierige Abfahrt, aber lohnende Überschreitung des Hubberges, nicht bez., Lg. ca. 9 km, Sh. 630–700–420 m, ÖK. 71.

Gh. Scheiblauer („Luft", am Straßensattel Gresten/Ybbsitz) – Güterweg Richtung Gsenghof – entlang der Berghöhe an mehreren Gehöften (Eckam noch gut erhaltener, strohgedeckter Bauernhof!) zum Hubberg – entlang der Hubbergstraße oder noch schwieriger direkt nach S über Kirchberg nach Ybbsitz (270 m Höhenunterschied). Auch die weitere Überschreitung über Stürzenhofereck – Schwarzenberg – Zell/Arzberg bei Waidhofen ist sehr empfehlenswert (weitere 12 km, ÖK. 70).

201 Höhenweg Sonntagberg:

Streckenwanderung von der Grestner Höhe (oder St. Leonhard), rot bez. (Weitwanderweg Nr. 04), über 20 km Lg., Sh. 630–820 m, ÖK. 52, 53, 70 und 71; durchgehend entlang von Straßen und Höhenwegen, großartige Ausblicke ins Donautal und bis zu den Gesäusebergen!

Luftwirt (R 200) – Gsenghof – Franzenreitherberg (Hof Richtereck, 840 m) – Brandstatt – Rauchegghöhe über Kuppe P. 723 m (entlang des Rückens, bis dieser nach links zum Urlgraben absinkt, bei Kreuz rechts durch Ausläufer des Bretterwaldes) – Leonharder Loipe – St. Leonhard am Walde (R 186, 726 m) – an der Schule vorbei Fahrweg nach NW – Flaschelstein (Schlepplift) – Eglöd – Benetzöd (Feuerwehrdepot) – Kogel (712 m) – Wagenöd – Sandlehen (am Rücken bleiben, über P. 715 m) – Querung des Herzogenberges (Fernsehumsetzer) – Sattel oberhalb der Kapelle „Türkenbründl" – Waldstraße zur Wallfahrtskirche Sonntagberg (Busanschluß oder steile Abfahrt zur Hst. Böhlerwerk).

202 Urlbach-Runde:

Sehr eindrucksvolle Schiwanderung auf aussichtsreichen Bergrücken mit zahlreichen Anstiegen und tlw. schwierigen Abfahrten, großteils bez., fast 30 km Lg., Sh. 370–760 m, ÖK. 52 und 70; Ausgangspunkt – Straßenkreuzung Ertl/Kürnberg (4 km südwestl. von St. Peter in der Au).

Güterweg über die Höfe Schönbichl – Oberbichl – Schmiedlehen – Haselhub, sehr steiler und mühsamer Anstieg über Wiesen und durch Wald am Nordhang des Schusserberges zu den Flächen beim Hof Hochstraß – Umfahrung des Griffener Turms an der Ostseite – Loosbichl – Straßensattel Rexnitzgraben/Ramingtal (flache Abfahrt, 624 m) – Großebenkogel – Ochsenbichlhäusel – Briefberg (Umgehung an der Ostseite, Überschreitung des steilen Gipfels sehr mühsam, aber wegen der hervorragenden Aussicht zu empfehlen!) – Straßensattel Ertl/Maria Neustift – Güterweg an Nordseite des Bischofsberges (siehe R 189) – Piereith (Rauchkuchl) – Roisslehen – Gh. Großau (rot bez., steil abwärts, Straßensattel Böhlerwerk/Ertl) – Lüßtkogel – Ertlstraß (693 m) – Buchenberg (730 m, Aussichtswarte) – Stellkogel – Rastberg – Straßensattel beim Gh. vor St. Michael – heikle Abfahrt links hinab ins Urlbachtal zum Ausgangspunkt.

203 Weitere Wandervorschläge:

a) **Oberndorf – Kirnberg:** Tlw. bez., 12 km, 300–400 m, ÖK. 54; Oberndorf – Straß (sehr schöner Hügelrücken!) – Hasenberg – Unterhub – Talmulde des Schweinzbaches – Querung nach Kirnberg nördl. von Stattlehen.

b) **Purgstall – Pöllaberg:** Tlw. bez., 14 km, 300–600 m, ÖK. 54, ziemlich schwierig, sehr lohnend; Purgstall – Pöllakapelle – Freithöhe – Hochpölla – Steinberg (steile Abfahrt) – Lehen – Merkenstetten – Purgstall.

c) **Euratsfeld – Neuhofen:** Rot bez. (tlw. Weitwanderweg Nr. 254), 10 km, 300–400 m, ÖK. 53; Euratsfeld – Hamet – Stelzberg – Marhof – Latzelsberg – Kothmühle (sehr gute Einkehrmöglichkeit!) – Trautmannsberg – Oberthal – Neuhofen.

d) **Wallseer Auen:** Tlw. rot bez., stets eben um 230 m, 13 km, ÖK. 52; Wallsee – Unterau – Grener – Hagenau – Grenerhaufen – entlang der Donau zurück nach Wallsee.

e) **Seitenstetten – St. Georgen in der Klaus:** Großteils rot bez., 22 km, 320–660 m, ÖK. 52 und 70; auf Weitwanderweg 454 von Seitenstetten über Biberbach bis Einfaltsberg – Linsberg – Egelsberg – Faßberg – St. Georgen – Baumgarten – Glanegg – Ödrücken – Sidlosberg – Seitenstetten.

R 204 bis 209 für Ergänzungen.

DONAUTAL UND SÜDÖSTLICHES WALDVIERTEL

210 Die an das Donautal angrenzenden Bergkuppen und Hochflächen bieten zahlreiche Möglichkeiten für den nordischen Schisport, zwar nicht in so idealer Form wie etwa das hohe Waldviertel, dafür aber ist die bessere Erreichbarkeit vorteilhaft.

Das Gebiet umfaßt das Kamp-Krems-Hochland sowie die Hochflächen (Nöchling, Weitener Hochland) und Beckenlandschaften (Yspertal, Pöggstaller Senke) nahe den Abfällen zum Donautal. Die Ausläufer der Böhmischen Masse reichen auch über die Donau hinweg (Neustadtler Platte, Hiesberg, Dunkelsteinerwald) und bilden die Durchbruchstäler des Strudengaus und der Wachau.

Nur im äußersten W, bei St. Oswald, Dorfstetten und auf der Neustadtler Platte, findet man abwechslungsreiche Granitlandschaften mit Blockbildungen. Die östl. Gneishochfläche hingegen bietet, abgesehen von den wunderschönen und oft felsigen Talläufen, ein eher monotones Bild von Wäldern, Wiesen und Feldern. Der landschaftliche Reiz liegt hier mehr in der weiten Aussicht über sanft gewelltes Hochland oder in den großartigen Tiefblicken zum Donautal.

Die Schneelage ist in den Höhen über 600 m meist ausreichend. Von Krems bzw. der Westautobahn/Melk oder Ybbs sind die meisten Orte bereits in kurzer Fahrt zu erreichen. Manche Gemeinden haben sich schon mit gespurten Loipen und modernen Unterkünften auf den Fremdenverkehr eingestellt, doch scheinen noch weite Gebiete in einem „Dornröschenschlaf" zu schlummern!

Informationen:
Fremdenverkehrsverband Ysper – Weitental
3682 Altenmarkt im Yspertal, Tel. 0 74 15 / 224.
Fremdenverkehrsverband Wachau – Nibelungengau
3500 Krems, Tel. 0 27 32 / 56 20.
Fremdenverkehrsverband Waldviertel
3910 Zwettl, Tel. 0 28 22 / 22 33.

Die Zufahrten sind bei den einzelnen Orten angegeben!

LOIPEN

211 Nöchling:

Auf einem freien Höhenrücken hoch über dem Donautal gelegene schmucke Ortschaft mit prächtigen Ausblicken bis zu den Alpen (Sh. 533 m, Gemeindeamt Tel. 0 74 14 / 300). Kurze, aber steile Zufahrt aus dem Donautal (Hirschenau, Isperdorf; Westautobahn/Ybbs – Richtung Grein). Durch die abseitige Lage noch ruhig und erholsam.

Ausrüstungsverleih – Gh. Zeitlhofer (Tel. 0 74 14 / 301), Gh. Gruber, Pension Sobota.

Loipen durchwegs vorzüglich gespurt; häufig in aussichtsreicher Lage mit Blick über das nördl. gelegene Hügelland.

a) **Wimholz-Loipe:** Rot mark., Lg. 3 km, Sh. 500–560 m; kleine Rundtour über freies Wiesengelände mit kleineren Anstiegen und Abfahrten, Ausgangspunkt am nördl. Ortsrand (Parkplatz).

b) **Eichberg-Loipe:** Rot mark., Lg. 6 km, Sh. 500–580 m; Verlängerung von Loipe a rund um den Eichberg, tlw. durch Wald, eine kurze Steilabfahrt.

c) **Daxberg-Loipe:** Gelb mark., Lg. 16 km, Sh. 500–660 m; für anspruchsvollere Läufer, landschaftlich überaus lohnend, weitläufige Runde über die Rotte Gulling und den Taborberg hinaus bis zur Landesgrenze, längerer Anstieg und schöne Abfahrtsstrecken.

212 St. Oswald:

Der Ort liegt auf einer sonnigen Wiesenterrasse hoch über dem Yspertal (Sh. 658 m, Gemeindeamt Tel. 0 74 15 / 291). Die letzten Gehöfte befinden sich, wie im nordwestl. gelegenen Loseneggeramt, am Südrand des riesigen Weinsberger Waldes. Dazwischen ragen Waldkuppen auf, die mit seltsamen Felsgruppen interessante Landschaftsbilder bieten und deren Reiz durch die größeren Höhenunterschiede der umliegenden Berge (Burgstein 1013 m) noch gesteigert wird.

Zufahrt über Ysper (von Wien kommend unbedingt die neu ausgebaute Straße Persenbeug – Altenmarkt benützen!).

Ausrüstungsverleih – Gh. Fischl (Tel. 0 74 15 / 295), Gh. Hintersteiner (Tel. 0 74 15 / 297), Gh. Pöcksteiner (Tel. 0 74 15 / 337).

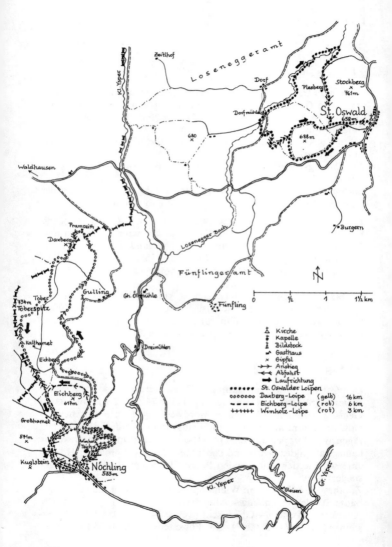

Loipe: Lg. 20 km (Abkürzung 4 km), Sh. 570–660 m; wegen der nicht ganz leichten Abfahrt zum Loseneggerbach und dem langgezogenen Anstieg entlang des Baches ist eine Befahrung in umgekehrter Richtung empfehlenswert!
Einstieg gegenüber der Kirche; Loipenrunde nach aussichtsreicher Höhenwanderung hinab ins Loseneggeramt und über einen Sattel zurück zum Ort. Kurze Runde auf bez. Waldweg um einen mäßig geneigten Bergrücken westl. des Sportplatzes.

213 Laimbach:

Am Sattel zwischen Yspertal und Pöggstaller Senke unmittelbar am Nordfuß des steilen Ostrongs gelegener Fremdenverkehrsort (Sh. 526 m, Gemeindeamt Tel. 0 74 13 / 61 04), Zufahrt von Pöggstall oder Ysper auf B 36.
Ausrüstungsverleih – Gh. Möhsl, Gh. Huber.
Loipe: Lg. 6 km, Sh. 530–590 m, wegen etwas geringer Schneelage selten gespurt; vom nördl. Ortsrand sanft steigend am sonnigen Talhang gegen W und über die Sattelmulde zurück.

214 Münichreith:

Zwischen Ostrong und Weitener Hochland gelegenes Dorf (Sh. 675 m, Gemeinde Laimbach), Zufahrt aus dem Donautal auf kurvenreicher Straße von Marbach.
Ausrüstungsverleih – Gh. Haselböck, Gh. Zeilinger.
a) **Weißenberg-Loipe:** Lg. 3 km, Sh. 680–700 m; flache Übungsloipe um den südl. des schönen Ortes gelegenen Weißenberg.
b) **Gmoa-Loipe:** Lg. 9 km, Sh. 660–780 m; wechselnde Neigung, mäßig schwierig. Start und Ziel beim Sägewerk westl. des Ortes, große Runde durch Hochwälder und über Lichtungen am Südhang des Ostrongs (Steinbachtal – Neuwaldhäusl – Gmoawald), kurze Variante bis zur Neuwaldhäuslstraße.

215 Kirchschlag:

Kleine Ortschaft im Quellgebiet der Kleinen Krems südl. von Ottenschlag (Sh. 820 m); die sumpfigen Hochflächen der auf der Berghöhe gelegenen Wasserscheide reichen im S über Braunegg bis zum aussichtsreichen Plateaurand.
Zufahrt – von Spitz auf B 217, von Pöggstall ziemlich steil über Aschelberg oder Braunegg, von Ottenschlag über Jungschlag oder Haidhäuser.
Ausrüstungsverleih – Gh. Jakwerth in Scheib (Tel. 0 28 72 / 277).

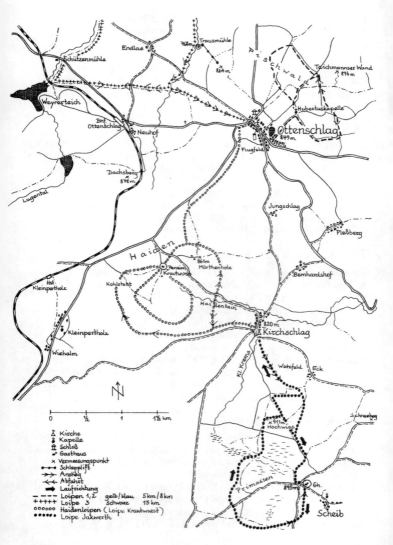

Loipe Jakwerth: Blau bez. mit 8 km Lg. oder rot bez. mit 5 km Lg., Sh. 870–900 m; meist sehr flach, Start und Ziel beim Gh. Jakwerth (Zufahrt von Kirchschlag Richtung Elsenreith über Schneeberg und Höllerbrand). Rundkurs überwiegend in freiem Höhengelände, tlw. Sumpfwiesen zwischen den ins Weiten- bzw. Kremstal abfließenden Bächen, anfangs schöner Ausblick zum Jauerling. Loipenverlauf Richtung Braunegg und weite Schleife über Primassen und Hochwies; Anschluß von Kirchschlag südwärts über das Wetzfeld ansteigend zum Hochwieswald.

Loipe Krautwurst: Grün bez. mit 7 km Lg. oder gelb bez. mit 3,5 km Lg., Zufahrt zur Pension Krautwurst von Kirchschlag nach NW über die Haidhäuser (Start aber auch westl. von Kirchschlag!). Rundkurs über die flache Mulde des Heidenbaches, tlw. durch Wald (Kohlstatt, Mörthenholz).

216 Ottenschlag:

Hauptort der südl. Hochfläche des Waldviertels in einer flachen Wiesenmulde zwischen Großer und Kleiner Krems (Sh. 850 m, Gemeindeamt Tel. 0 28 72 / 330), schon in der näheren Umgebung große Waldgebiete und mehrere Teiche, bei der Trausmühle längerer Schlepplift.

Zufahrt – auf der gut ausgebauten B 36 von Pöggstall oder Zwettl, B 217 von Spitz.

Ausrüstungsverleih – Gh. Krapfenbauer, Gh. Renner und Gh. Schmid.

Langlaufunterricht – Wolfgang Zaininger, Ottenschlag 251.

a) **Loipe 1:** Gelb mark., Lg. 5 km, fast eben; vom Teich am östl. Ortsrand in den Fischwald, wo die Quellmulde des Tiefenbaches umfahren wird; Abstecher zur Teichmannser Wand möglich.

b) **Loipe 2:** Blau mark., Lg. 8 km; ebenfalls ziemlich flach, durch den Fischwald nördl. von a.

c) **Loipe 3:** Schwarz mark., Lg. 15 km, Sh. 750–850 m; die landschaftlich schönste Loipe, aber 1984 nicht gespurt, auch als Schiwanderung empfehlenswert! ÖK. 36.

Vom westl. Ortsrand über Wiesen in die Talmulde des Raxenbaches, dieser nördl. folgend an der Trausmühle (romantische Jausenstation, alpines Schigebiet) vorbei bis zur Furtmühle. Nun am jenseitigen Ufer die Große Krems flußaufwärts über Bernreith bis zur Schützenmühle und knapp vor der Bahnlinie und dem Weyrerteich zum NS-Weitwanderweg. Dieser führt über einen sanften Rücken beim Hacklhof hinweg zurück zum Raxenbach und ansteigend nach Ottenschlag.

217 Sallingberg:

Auf sonnseitigen Wiesen bereits im flachen Tal der Großen Krems gelegener Erholungsort (Sh. 766 m, Gemeindeamt Tel. 0 28 77 / 273). Sehr gut gespurte Loipen in Richtung Grafenschlag mit mehreren Möglichkeiten zu Verlängerungen, Langlaufkonkurrenzen. Günstigste Zufahrt von Ottenschlag oder Lichtenau (siehe R 220).
Ausrüstungsverleih in den Gh. J. Knotzer (Tel. 0 28 77 / 247), Macher (Tel. 0 28 77 / 254) und M. Knotzer (Tel. 0 28 77 / 315); Gh. Welt in Voitschlag (Tel. 0 28 77 / 219).

a) **Loipe I:** Blau mark., Lg. 5,5 km, Sh. 740–800 m; sanft geneigte Rundstrecke über Augraben und Heubachkogel, vorwiegend offenes Gelände.

b) **Loipe II:** Gelb mark., Lg. 11 km, Sh. 740–800 m; unschwierige Erweiterung der Loipe a bis in den weitflächigen Minniwald.

c) **Loipe III:** Rot mark., Lg. 15 km, Sh. 740–800 m; anspruchsvoller und sportlich sehr lohnender Rundkurs als Erweiterung von Loipe b im Bereich von Minniwald, Fischerwald und Heubach, schwierig besonders durch die Waldabfahrten im nördl. Bereich.

d) **Verbindungsloipe von Voitschlag** – über Wiesen nach W zum Heubachteich zur Einmündung in Loipe b.

218 Grainbrunn:

Kleiner Wallfahrtsort in einer nach S zum Großen Kremstal geöffneten Wiesenlandschaft, im N angrenzend der riesige Herrschaftswald (Sh. 772 m); Zufahrt von B 36 über Ottenschlag – Sallingberg oder von B 37 ab Lichtenau.
Ausrüstungsverleih – Gh. Köchl (Tel. 0 28 77 / 202), Gh. Weidenauer (Tel. 0 28 77 / 259).

a) **Loipe I:** Lg. 6 km, Sh. 730–770 m; mäßig geneigte Schleife im Waldgelände nördl. des Ortes, tlw. auf Forststraßen (Filzwiesen – Hirschenschlag – Grainbrunnbach).

b) **Loipe II:** Lg. 9 km, Sh. 710–770 m; Erweiterung von a in einem größeren Bogen durch den Herrschaftswald und über den Grainbrunnbach.

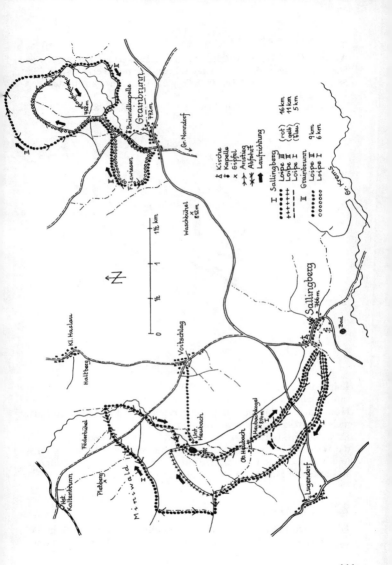

219 Albrechtsberg:

Auf der Hochfläche zwischen Großer und Kleiner Krems gelegener, von einem Schloß beherrschter Fremdenverkehrsort (Sh. 680 m, Gemeindeamt Tel. 0 28 76 / 258), Zufahrt am besten von Lichtenau.
Ausrüstungsverleih – Gh. Walter Fischer (Tel. 0 28 76 / 284).

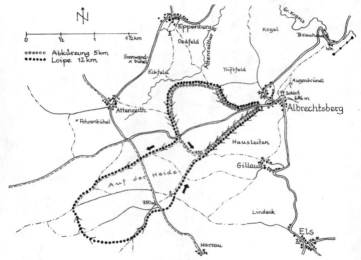

Loipe: Lg. ca. 12 km, Sh. 660–770 m; landschaftlich recht interessant, großteils durch Wald, aber auch freies Gelände, wegen der Höhenlage verhältnismäßig schneesicher und ständig gespurt, mehrere Abkürzungsmöglichkeiten.
Das abwechslungsreiche, leicht bis mäßig geneigte Gelände umfaßt die Wiesenflächen und Wälder südwestl. des Ortes Richtung Purk und Marbach rund um die Höhenkuppe der Elser Heide (kürzere Varianten mit ca. 5 km bzw. 8 km Lg.).

220 Lichtenau:

Die um den Fremdenverkehr sehr bemühte Gemeinde liegt im SW der von Wiesen, Feldern und eingestreuten Wäldern charakteri-

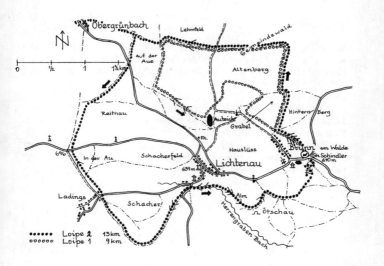

sierten, sanftwelligen Gföhler Hochfläche (Sh. 639 m, Gemeindeamt Tel. 0 27 18 / 257); Zufahrt von Krems Richtung Zwettl auf B 37; vorbildlich gespurte Loipen!
Ausrüstungsverleih – Gh. Schindler in Brunn am Walde (Tel. 0 27 18 / 230), Gh. Weichselbaum in Obergrünbach (Tel. 0 27 18 / 229).

a) **Loipe 1:** Lg. 9 km, Sh. 610–670 m; leicht bis mäßig schwierig im weitläufigen, tlw. bewaldeten Gebiet von Altenberg nördl. des Ortes. Ausgangspunkt Gh. Schindler in Brunn; nach stärker steigender Parallelspur folgt eine langgezogene Schleife, die den Gemeindewald und aufgelockerte, reizvolle Waldgebiete der Au berührt.
b) **Loipe 2:** Lg. 14 km, Sh. 610–700 m; Erweiterung von a tlw. auf bez. Wanderwegen in weitem Rundkurs durch das Gemeindegebiet, Wald und offenes Gelände sowie Neigung mehrfach wechselnd. Ausgangspunkt in Brunn oder Obergrünbach (Einmündung beim Waldgebiet der Au; Fortsetzung der Loipe über Kreuzacker nach Labings, südl. Runde über Schacherwald – Lichtenau – Herrengraben – Alm – Ötschauwald – Hubertuskapelle zum Gh. Schindler).

221 Gföhl:

Stattlicher Marktflecken auf freier Anhöhe nahe dem Gföhlerwald, die herbe Landschaft bildet für den von Krems kommenden Reisenden das „Tor zum Waldviertel" (Sh. 579 m, Gemeindeamt Tel. 0 27 16 / 498).
Zufahrt – von Krems auf B 37 und ab Königsalm auf B 32.
Ausrüstungsverleih – Gh. Prinz (Hauptplatz, Tel. 0 27 16 / 304).
Loipe: Lg. 10,5 km, Sh. 570–630 m; sanft welliges, tlw. bewaldetes Gelände nordöstl. des Ortes, landschaftlich recht reizvoll, an klaren Tagen Ausblicke bis zu den Alpen. Start und Ziel beim Sportplatz; über Schweizerhof und Rosaliakapelle bis zum Wendepunkt beim Gh. Winkler nahe der Reisinger Höhe, Rückfahrt über Drescherteich und Jaidhof.

222 Rastenfeld:

Markt in der Nähe des Kamp-Stausees beim Schloß Ottenstein (Schloßrestaurant, Bungalowhotel und Erholungszentrum; Sh. 580 m, Gemeindeamt Tel. 0 28 26 / 289).
Zufahrt von Krems auf B 37 (bzw. abkürzend B 32 über Gföhl) in Richtung Zwettl; Ausrüstungsverleih – Gh. Maria Isak, Peigarten.

Schiwanderweg: Lg. ca. 5 km, Sh. 530–600 m; bez., aber nicht maschinell gespurt, hauptsächlich auf freien Wiesenflächen zwischen Peigarten, Erholungszentrum und Platzerberg, etwas unsichere Schneelage.

R 223 bis 227 für Ergänzungen.

ABSEITS DER LOIPEN

228 Während die hochragenden Einzelberge des südl. Waldviertels (Ostrong, Jauerling) für lohnende, allerdings tlw. schwierige Bergtouren auf Langlaufschiern geeignet sind, bieten die großteils freien Hochflächen einfache und auch für Anfänger empfehlenswerte Geländewanderungen. Wegen der geringen Höhe weniger schneesicher sind die Tourenmöglichkeiten oberhalb des Donautals, wobei einzelne Waldpartien guten „Pfadfindern" vorbehalten bleiben.

229 Im „Grenzwinkel":

Abgeschiedene und urwüchsige Landschaft südwestl. des Weinsberger Waldes mit zahlreichen Granitformationen in den Wäldern und Bergbauernfluren (Zufahrt über Ysper oder Sarmingstein), ÖK. 35.

a) **Dorfstettener Bauernland:** Einer der urigsten Grenzwinkel Niederösterreichs, wechselhaftes Gelände, keine bez. Wege.

Vom Ausgangspunkt am Straßensattel nordwestl. der Dorfmühle – nach N bis zum Hof Gering (Lg. ca. 7 km, Sh. 770–800 m); nach SW im Wimbergeramt bis Mühlreith (Lg. 4 km, Sh. 770–800 m).
Vom Gh. Angermühle (Sh. 530 m) sehr empfehlenswerte Wanderung entlang des Sarmingsbaches beliebig weit talaus.

b) **Um den Burgsteinberg:** Rundtour entlang von Forststraßen, nicht bez., Lg. ca. 8 km, Sh. 830–930 m; Ausgangspunkt am Straßensattel zwischen St. Oswald und Dorfstetten (westl. des Schoberberges), auf dem Burgsteinberg-Gipfel interessante Felsgruppen!

230 Ysper-Weitental:

a) **Ostrong-Überschreitung:** Tlw. bez. Wege, Lg. ca. 20 km, Sh. 620–1061 m; technisch nicht leicht und tlw. schwierige Orientierung, aber landschaftlich sehr lohnend (besonders der Ausblick vom Kleinen Peilstein), ÖK. 36.
Münichreith – Mayerhofen – Gsteinert – Katzenstein – Kleiner und Großer Peilstein – Kaiserstein – Neuwaldhäusl – Gmoa-Loipe – Münichreith.

b) **Yspertal-Wanderung:** Sehr schöne flache Talwanderung entlang des Weitwanderweges zwischen Ysper und Pisching (Abstecher zum idyllischen Prägartenteich); rot bez., Lg. ca. 10 km, Sh. 500–520 m, ÖK. 35.

c) **Weitener Hochland:** Rundwanderung durch wechselvolles Bauernland, mehr offenes Gelände, tlw. bez., Lg. ca. 9 km, Sh. 650–720 m, ÖK. 36 (Neukirchen am Ostrong – Unterhohenau – Wachtberg – Fahrenberg – Oberndörfl – Neukirchen).

231 Jauerling:

Bergtour mit schwierigen Abfahrten auf den aussichtsreichen Gipfel westl. der Wachau, bez. Wege, Lg. ca. 10 km, Sh. 600–960 m, ÖK. 37 (Maria Laach – Zeißing – Weißenstein – Jauerling – Schleppliftgelände – Oberndorf – Wiesmannsreith – Katzental – Maria Laach).

232 Purzelkamp:

Interessante Rundtour auf der südöstl. Hochfläche zwischen den Loipen von Sallingberg bzw. Grainbrunn und dem Purzelkamp, nicht bez., Orientierung tlw. nicht leicht; Lg. ca. 25 km, Sh. 670–800 m, ÖK. 36 und 19.

Voitschlag – Sallingberger Loipe – Heubach – Purzelkamp – Waldhausen – Hirschenschlag – Herrschaftswald – Grainbrunner Loipe – Grainbrunn – Waschbühel – Voitschlag.

233 Zwischen Kremstal und Donau:

Zahlreiche bez. Wege auf der Hochfläche nördl. der Wachau, Höhenlage meist zwischen 500 und 750 m, rasche Erreichbarkeit von Weißenkirchen, Krems oder Senftenberg, ÖK. 37.

a) **Rund um Wolfenreith:** Zufahrt über Seibererstraße nach Habruck; vom Binderkreuz entlang der Waldränder um die ausgedehnte, hügelige Lichtung; weglos und nicht bez., aber leicht, Sh. 700–780 m.

b) **Lechnerkreuz – Kohlerhöhe:** Einfacher bez. Weg über den aussichtsreichen Höhenrücken von Lichtenfleck, Zufahrt von Senftenberg über Reichau; Lg. ca. 3,5 km (einfache Strecke), Sh. 550–647 m.

c) **Dürnsteiner Berge:** Rundwanderung auf den Berghöhen entlang der Sandlstraße, etwas schwieriger, bez. Wege, Lg. ca. 10 km, Sh. 400–530 m. Egelsee – Neuberg – Florianikreuz – Augrabler – Jägerberg – Scheibenhof (Abstecher zur Fesslhütte beim Schloßberg) – Rotes Kreuz – Egelsee.

234 Neustadtler Platte:

Dem westl. Waldviertel ähnliches Hochplateau an der Südseite des Strudengaus, Schilift bei Hengstberg, ÖK. 53.

a) **Über den Kollmitzberg:** Rundwanderung auf bez. Wegen durch freies Gelände mit herrlicher Aussicht von den Berghöhen, tlw. schwierigere Abfahrten, Lg. ca. 14 km, Sh. 270–460 m (Viehdorf nördl. Amstetten – Almerstein – Kollmitzberg – Stift Ardagger – Altbach – Viehdorf).

b) **Brandstetterkogel – Nabegg:** Wanderungen über die abwechslungs- und aussichtsreichen, landschaftlich sehr reizvollen Berghöhen nördl. von Neustadtl, freies und tlw. stark geneigtes Gelände entlang von Höhenstraßen und bez. Wegen, Sh. 400–532 m.
Vom Hof Dachberg schwierige Geländetour zur Schwarzen Wand. Lg. ca. 7 km, nur für Ortskundige (siehe auch „Wandern in Niederösterreich").

c) **Um den Hengstberg:** Wiesengelände um die aussichtsreiche Hochfläche, weglos, Sh. 500–550 m; ausgehend vom Hof Nöfang oberhalb des Schleppliftes „Donauleiten".

235 Hiesberg:

Dicht bewaldetes Bergmassiv südwestl. von Melk, entlang von Forststraßen beliebte Möglichkeiten zu leichten Schiwanderungen. Zufahrt zum Straßensattel „Pulverturm" (482 m) von Melk oder St. Leonhard am Forst, fast eben entlang des Bergrückens zum Steinernen Kreuz und zur Tafelbuche oder zum Eisernen Bild, ÖK. 54.

236 Dunkelsteinerwald:

Ausläufer des Waldviertels südöstl. der Wachau, Forststraßen durch ausgedehnte Waldgebiete in Höhen bis über 700 m, ÖK. 37.

a) **Maria Langegg – Aggstein:** Schöne Wanderung auf Waldwegen mit größeren Abfahrten, rot bez. Lg. ca. 8 km, Sh. 390–600 m.

b) **Kastlkreuz – Mühlberg:** Nur tlw. schwierige Geländetour, nicht bez. und vielfach auf Waldstraßen, Orientierung aber nicht leicht; Lg. ca. 10 km, Sh. 580–720 m (Kastlkreuz nordöstl. von Maria Langegg – Ernsthof – Hoher Stein – Mühlberg – Forststraße Richtung Kupfertal – Poppenberg – Kastlkreuz).

c) **Schenkenbrunn – Schoberstein:** Tlw. schwierige Waldwanderung auf bez. Wegen, nur mäßig steile Abfahrten, aber Orientierung nicht leicht; Lg. ca. 12 km, Sh. 480–630 m (Schenkenbrunn – Kreuzberg – Zeitlingmaißhöhe – Herrnplatzl – Schoberstein – Richtung Rotes Kreuz – gelbe Mark. – Schenkenbrunn).

R 237 bis 239 für Ergänzungen.

IM HOHEN WALDVIERTEL

240 Schon vom Gelände her ist das Waldviertel – nicht nur im Rahmen Niederösterreichs – die idealste Landschaft für den Langlaufsport! Die aus dem Kamp- und Kremstal allmählich ansteigende Hochfläche erreicht im W und SW mit Gipfeln über 1000 m ihre größte Höhe, trotz des stark welligen Geländeprofils treten aber kaum größere Höhenunterschiede als 100 bis 150 m auf – beste Voraussetzungen für abwechslungsreiche Loipen.

Die höchsten Kuppen nahe der oberösterreichischen Landesgrenze werden von den dichten Fichtenforsten des Weinsberger Waldes, einem der größten geschlossenen Waldgebiete Österreichs, bedeckt. Gerade hier entwickelten sich in den letzten Jahren die bedeutendsten Langlaufzentren Niederösterreichs, nämlich Gutenbrunn und Bärnkopf. Die einsamen Waldgebiete, vor allem aber die vorzüglich präparierten Loipen üben eine große Anziehungskraft aus und werden immer zahlreicher besucht.

Die „Feinschmecker" geben allerdings der unmittelbar nördl. davon gelegenen Landschaft in den Quellgebieten von Großem und Kleinem Kamp den Vorzug, da hier die Wiesen einsam gelegener Gehöfte und die besonders malerisch im Gelände verstreuten Granitblöcke noch Eindrücke vermitteln, wie man sich das urigste Waldviertel nicht besser vorstellen könnte! Wiese und Wald, Hügel und Mulden bilden Kontraste, die nie ein Gefühl der Eintönigkeit aufkommen lassen. Diese Landschaft fordert den suchenden Wanderer förmlich zum Entdecken heraus! In Form von geführten Wanderungen kann man auch schon in mehrtägigen Expeditionen diese Gebiete durchstreifen.

Noch weiter im N, wo sich zwischen Arbesbach und Gmünd die Landesgrenze nach W ausbuchtet, übersteigen die Berge des Nebelsteingebietes abermals 1000 m und fallen stellenweise etwas steiler ins Tal der Lainsitz ab. Die größeren Höhenunterschiede ermöglichten in Karlstift und Harmannschlag sogar den Ausbau lokaler alpiner Schigebiete; der Nebelstein ist Ausgangspunkt mehrerer Weitwanderwege, die natürlich auch im Winter begangen werden können. Auch hier gibt es stimmungsvolle Blocklandschaften, gut präparierte Loipen und daneben unverspurtes Gelände, das noch auf seine Entdecker wartet.

Klimatisch eignet sich das Waldviertel sehr gut für den Wintersport, denn das rauhe, oftmals wirklich nordisch wirkende Klima gewährleistet in den Wintermonaten eine durchgehende Schneedecke, wobei natürlich die Höhenlage zu berücksichtigen ist. So weisen die Schneemengen zwischen Karlstift und dem um 300 m tiefer gelegenen Weitra, von Bärnkopf im Vergleich zu Schönbach häufig beachtliche Unterschiede auf. In der Schneesicherheit könnte man den Weinsberger Wald allerdings mit Orten des Alpengebietes wie etwa Annaberg oder Puchenstuben vergleichen.

Leider verbirgt sich das Waldviertel an vielen Wintertagen unter einer dichten Nebeldecke, bizarr verändert dann der Rauhreif das Landschaftsbild. Oft aber kann man auch das umgekehrte Erscheinungsbild erleben, wenn strahlender Sonnenschein über dem weißen Nebelmeer des Donautales herrscht. Am unangenehmsten machen sich auf der Hochfläche noch die Winde bemerkbar. Man muß jederzeit mit Schneeverwehungen auf den Zufahrtsstraßen rechnen (entsprechende Winterausrüstung notwendig!). Auf freien Wiesenflächen sind häufig die Loipen schon wenige Stunden nach dem Spuren zugeweht, so daß manche Anlagen sogar schon wieder aufgegeben werden mußten. Schutz vor solchen Wetterunbilden bieten vor allem die dichten Wälder oder enge Waldschneisen am Grund von Talmulden.

Neben diesen klimatischen Problemen kommt es manchmal auch zu Behinderungen seitens der Forstwirtschaft, wenn Forststraßen für Holzarbeiten geräumt werden. Trotz dieser kleinen Schönheitsfehler wird das hohe Waldviertel sicherlich auch in Zukunft ein Kerngebiet des Langlaufsports in Niederösterreich bleiben! Wegen der doch längeren Zufahrtswege (Gutenbrunn und Bärnkopf sind noch am leichtesten erreichbar) ist ein Wochenend- oder Urlaubsaufenthalt, auch wegen der schönen Landschaftserlebnisse und der vorzüglichen Gästebetreuung, wärmstens zu empfehlen.

Informationen:
Fremdenverkehrsverband Waldviertel
3910 Zwettl, Tel. 0 28 22 / 22 33.
Fremdenverkehrsverband Oberes Waldviertel
3950 Gmünd, Tel. 0 28 52 / 32 12.
Die Zufahrten sind bei den einzelnen Orten angegeben.

LOIPEN

241 Gutenbrunn:

Das „Mekka" der Langläufer aus Wien und Niederösterreich liegt in einer flachen, windgeschützten Mulde unmittelbar am Ostrand des Weinsberger Waldes (Sh. 858 m, Gemeindeamt Tel. 0 28 74 / 244).
Zufahrt – über Westautobahn/Melk-Donaubrücke – Pöggstall – Martinsberg (mit der Bahn über Zwettl zu umständlich!).
Unterbringung in modernen Gh. mit Sauna, Dusch- und Umkleideräumen; an Wochenenden sehr stark besucht, kleiner Schlepplift am Übungshang oberhalb des Ortes beim Loipeneinstieg.
Gesamtlg. der Loipen gemeinsam mit Bärnkopf 145 km (!), zwei- bis vierspurig und bestens gepflegt, zahlreiche Hinweistafeln,

durchwegs im windgeschützten Waldgelände, Sh. 850–980 m, leicht bis mäßig schwierig.

Ausrüstungsverleih – Gh. Marschall, Fürst und Juster, Anton Schmelzer; Langlaufunterricht – ASV Wintersport; zahlreiche Langlaufkonkurrenzen (etwa Höllberglauf mit 50 km, Fit-Langlauf mit 10 km).

Vom L o i p e n s t a r t beim Schilift führen zunächst alle Mark. gemeinsam fast eben zum Sportplatz südl. der Neuen Siedlung und weiter mit Straßenüberquerung zum Hanslteich (2 km), von dort verschiedene Möglichkeiten:

a) **Loipe 1:** Gelb mark., Lg. 7 km.
Zunächst rechts abzw. bergan auf den Rücken des Kreuzdonnerberges, entlang einer Forststraße fast eben zu flachem Waldsattel (nördl. die Zwettlsteine). Hier scharf nach rechts östl., durchwegs sanft fallend auf Straßen und Wegen, zuletzt auch in freiem Gelände, und über ein kleines Bergerl hinunter zum Ortsrand.

b) **Loipe 2:** Blau mark., Lg. 8,5 km.
Vom Hanslteich entlang einer Forststraße („Autobahn"), dann unmittelbar neben der Verbindungsstraße Gutenbrunn – Bärnkopf zur Raststelle „Drei-Königs-Wegscheid" mit Labestelle. Ein kurzes Stück entlang der Loipe 3 zurück zum flachen Waldsattel und wie bei a nach Gutenbrunn.

Ersatzloipe (Lg. 11 km) – von „Drei-Königs-Wegscheid" weiter wie bei c fast bis zum Stifterteich und rechts abzw. im Waldgelände nördl. der „Opferschale" auf Forstwegen nach O, zuletzt südwestl. des Edlesberger Teiches wieder einmündend in Loipe 3 und 4.

c) **Loipe 3 – Höllberg-Loipe:** Grün mark., Länge 13 km, die „klassische" Loipe!
Wie bei a zum Waldsattel und das kurze Wegstück zur Raststelle „Drei-Königs-Wegscheid". Nun sanft fallend durch das Waldgebiet des „Roten Meeres" hinunter zur Wiese westl. des Stifterteiches. Leichter Anstieg durch das besonders urige Waldstück im „Heanest" bis zur Querung der Forststraße Stifterteich – Hintere Waldhäuser. Von nun an durchwegs bergab den Südabfall des Höllberges querend (zahlreiche Steingruppen, weiter unten links abzw. zur Einsiedlerhöhle) bis in die weite Mulde des Edlesberger Teiches (lohnende Umrundung oder Überquerung – Seewolf-Loipe!). Quer über eine Wiese unweit des Westufers und mit kurzem Steilanstieg auf den flachen Rücken des Edlesberges (Ausblick über das freie Gelände Richtung Martinsberg!). Nach rechts que-

rend zu den Loipen 1 und 2, dann in abwechslungsreicher Fahrt hinunter nach Gutenbrunn.

d) Loipe 4: Orange mark., Lg. 21 km; wegen der großen Entfernungen weniger stark befahren.

Beim Stifterteich von Loipe 3 nach links abzw. (Richtung Edlesberger Teich nicht mehr gespurt!), vorbei an der Teichwiese hinunter zur Spitzwiese im Prinzbachtal und beim Lupinendamm über die Straße Stifterteich – Saggraben. Nach Querung der Mertlteichwiese längerer Anstieg (fast 100 m Höhenunterschied) zur Bucheben, gleich danach wieder längere Abfahrt durch uriges Waldgelände mit kurzen Anstiegen nach O zur Elendwiese bei den Hinteren Waldhäusern. Östl. der Häusergruppe im Wald bald rechts abzw. nach S sanft bergan zur Einmündung in Loipe 3 unterhalb des Höllberggipfels.

e) Verbindungsloipe nach Bärnkopf:
Von „Drei-Königs-Wegscheid" bis zur Einmündung in die Weinsbergloipe ca. 5 km. Meist durch Wald entlang der kurvenreichen Straße, vorbei an der Berglucken und am Annabild zur Weinsbergwiese.

242 Bärnkopf:

Schneesicherster Ort des Waldviertels in 968 m Sh., sehr abgeschiedene Lage auf großen Lichtungen inmitten des Weinsberger Waldes. In den letzten Jahren Entwicklung zu einem Zentrum des nordischen Schisports, Austragung zahlreicher Wettkämpfe (besonders interessant der 12-Stunden-Lauf!).
Zufahrt von Gutenbrunn auf stets gut geräumter breiter Straße (12 km).
Ausrüstungsverleih und Schischule – Mag. Herbert Lackner (Tel. 0 28 74 / 82 54) bzw. Fremdenverkehrsverein Bärnkopf; zwei Gh., Sportshop.

Alle Loipen, mit Ausnahme der Dürnberg-Loipe, sind durchwegs gut präpariert und führen großteils durch riesige, einsame Waldgebiete.

a) Fit-Loipe: Weiß mark., Lg. 6 km, Sh. 930–960 m, häufig für Wettkämpfe benützt.

Vom östl. Ortsende zuerst in Straßennähe auf der alten Bahntrasse in Richtung Weinsberg und nach 2,5 km links abzw. Abfahrt zur Wiese der Roßkopfau. Kurzer Anstieg zum Lungenberg und links drehend zur Straße Bärnkopf – Saggraben. Neben dieser zurück zum Ort.

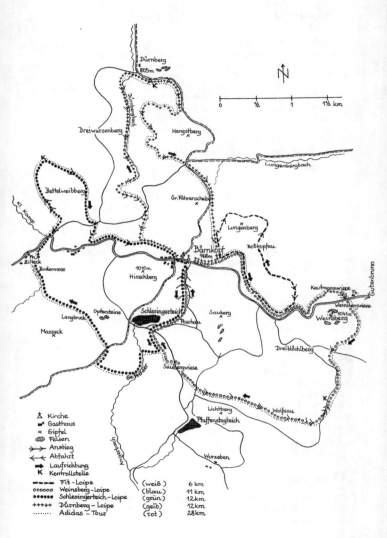

b) **Weinsberg-Loipe:** Blau mark., Lg. 11 km, Sh. 870–990 m, sehr lohnend.

Zunächst wie bei a meist in Straßennähe, dann leicht steigend über die Kaufmannwiese zur Straßenquerung bei der ausgedehnten Weinsbergwiese. Jenseits der Straße eben in den Wald (Abstecher mit Steilaufstieg und schwieriger Abfahrt auf den Weinsberg, prächtige Aussicht!). Ab der Kontrollstelle (Sportabzeichen) längere, teils recht flotte Abfahrt entlang von Waldwegen, zuletzt über die einsamen, romantischen Lichtungen der Wolfsau neben einem gewundenen Bächlein hinunter zur Straße, die vom Pfaffenstegteich zurück nach Bärnkopf führt. Dieser Teich bleibt links liegen; sanft steigend zunächst links über die Saubergwiesen zu einer weiteren Forststraße (Abzw. von Loipe c) und vor dem Schlesingerteich rechts ausweichend über die Poschau, zuletzt etwas steiler hinauf nach Bärnkopf.

c) **Schlesingerteich-Loipe:** Grün mark., Lg. 12 km, Sh. 860–970 m, noch abwechslungsreicher als b.

Den letzten Anstieg von Loipe b in flotter Fahrt hinunter zum Schlesingerteich und weiter nach S zur Abzw. von b. Nach rechts zur weiten Lichtung des Geflüders (einstige Holzschwemme!) und bald danach in der Eschlingau zur Querung der Straße Bärnkopf – Entlasmühle. Das folgende Stück führt fast eben durch die landschaftlich schönsten Gebiete – gleich zu Beginn in geringer Entfernung die Opfersteine (darunter auch Wackelsteine), dann kleine Lichtungen, stämmiger Hochwald, ein kleines Bächlein, bis man schließlich nach anregendem Dahingleiten auf die große Wiese beim Forsthaus Zilleck hinausfährt. Nach Querung der Hauptstraße folgt die Umfahrung des Bettelweibberges mit längeren Anstiegen durch etwas eintönigen Wald. Zurück nach S drehend, hinaus auf die Wiesen beim Gh. mit Schiverleih und in Straßennähe über weitere große Wiesen und durch kurze Waldstücke flach ansteigend zurück nach Bärnkopf.

d) **Dürnberg-Loipe:** Geld mark., Lg. 12 km, Sh. 810–970 m, nur gelegentlich gespurt.

Zuerst Abfahrt über 160 m Höhenunterschied entlang von Forststraßen durchwegs im Wald weit nach N bis zur Lichtung südl. des Hauses Dürnberg. Langer Anstieg entlang der Trasse einer ehem. Waldbahn (bis ca. 1934 in Betrieb, 3% Anstieg), zurück zur Straße Bärnkopf – Saggraben und durch die Talmulde zwischen Lungenberg und Gr. Föhrenscheibe zurück nach Bärnkopf.

e) **Adidas-Tour:** Rot mark., Lg. 28 km, Kombination der Loipen b, c und d.

243 Altmelon-Kleinpertenschlag:

Kleines Dorf und Streusiedlung im landschaftlich großartigsten Teil des Waldviertels unmittelbar nördl. des Weinsberger Waldes (Sh. 880 bzw. 925 m). Besonders Kleinpertenschlag bietet mit sei-

Loipe bei Kleinpertenschlag.

nen Blockfluren (Naturdenkmal) unvergeßliche Eindrücke! Zufahrt – von Arbesbach oder Bärnkopf auf gut ausgebauten Straßen; von Westautobahn/Ybbs am nördl. Donauufer bis Sarmingstein und von Waldhausen über Angermühle – Marchstein (das Straßenstück bis Entlasmühle noch schlecht und sehr kurvig). Auskunft und Schiverleih – Gh. Lichtenwallner (Tel. 0 28 13 / 302), Kaufhaus Höfinger (Tel. 0 28 13 / 262).

a) **Kaltenberg-Loipe:** Grün mark., Lg. 2 km, Sh. 880–900 m. Landschaftlich sehr schön gelegene, kurze Übungsloipe unmittelbar südöstl. von Altmelon mit Umrundung des Kaltenberges.

b) **Anschluß zur Loipe Arbesbach:** Blau mark., Lg. 4 km. Knapp westl. der Straße Altmelon – Arbesbach über welliges Gelände vorwiegend auf Wiesen bis Etlas, wo die Arbesbacher Loipe quert, zurück durch ein Waldstück und über die freien Flächen der Hauslüsse nach Altmelon.

c) **Ahornberg-Loipe:** Rot mark., Lg. 9 km, Sh. 850–910 m, landschaftlich besonders interessant das Naturschutzgebiet in der Meloner Au.

Wie bei a in Richtung Kühbichl, die Straße zum Gaubitz- und Fahrthof querend und flotte Abfahrt über eine Wiese in die Mulde des Höllgrabens. Beim Hof Habereck die Zufahrtstraße nach Kleinpertenschlag querend nach NW in das Waldgebiet der Meloner Au. Nach ca. 3 km rechts hinaus in das hochinteressante Moorgebiet Überländ (eigenartige Vegetation mit Legföhren und Birken), nach dessen Querung westl. von Ahornberg über die Verbindungsstraße Purrath – Altmelon hinweg und durch ein nördl. gelegenes Waldstück zum Weitwanderweg, der zurück nach Altmelon führt.

d) **Loipe nach Kleinpertenschlag:** Grün mark., Lg. 15 km, Sh. 850–920 m; eine der großartigsten Loipen von Niederösterreich, überaus abwechslungsreich, vorbei an prächtigen Steingebilden, zahlreiche kleine Anstiege und Abfahrten; leider oft nur zum Wochenende, eventuell aber auch bei Voranmeldung gespurt.

Wie bei Loipe c in die Mulde des Fichtenbaches, jedoch nach links ein Stück talaus neben dem Bach. Nach rechts durch ein kurzes Waldstück ansteigend, erreicht man schließlich den freien Rücken, auf dessen höchstem Punkt die Ortschaft Kleinpertenschlag liegt. Die Loipe umrundet diese Lichtung meist entlang des Waldrandes in vielfach wechselnder Neigung. Verschiedenartigste Steingruppen schaffen ein ungemein malerisches Landschaftsbild! Besonders in unmittelbarer Nähe von Kleinpertenschlag erlebt man zwischen den unter Schutz gestellten Felsblöcken von Winterberg und Steinberg das Waldviertel in seiner urtümlichsten Form, die Landschaft braucht keinen Vergleich mit der vielgerühmten Gmünder Blockheide zu scheuen. Auch

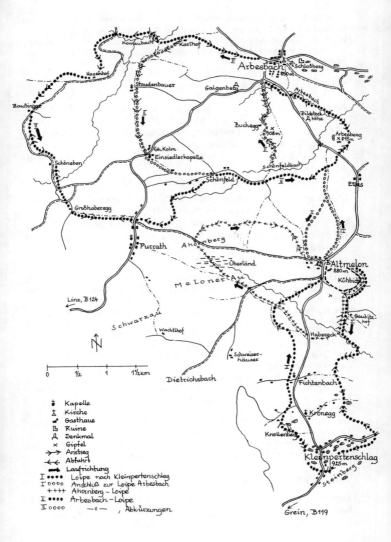

nach der Querung der Bundesstraße südl. von Kleinpertenschlag reißt an der Westseite der Lichtung die Zahl lohnender Fotomotive nicht ab. Erst nordwestl. der Häusergruppe Fichtenbach taucht man in den Wald der Meloner Au, verfolgt ein kurzes Stück Loipe c und kehrt schließlich über freie Wiesen nach Altmelon zurück.

244 Arbesbach:

Knapp südl. des obersten Kamptals duckt sich die schöne Ortschaft in eine Mulde der welligen Hochfläche, überragt vom „Stockzahn des Waldviertels", der Ruine einer Kuenringerburg aus dem 12. Jh. (Aussichtswarte).
Zufahrt von Grein auf der B 119 oder von Zwettl oder Königswiesen auf der B 124.
Ausrüstungsverleih – Gh. Bauer (Tel. 0 28 13 / 218).

Die Loipen sind meist gut präpariert, führen aber weite Strecken über die windausgesetzten freien Hochflächen im W und S des Ortes, wo nur wenige Steingruppen zu sehen sind (landschaftlich reizvoller und vor allem windgeschützt wären wohl die Talmulden von Lohnbach und Großem Kamp); Lg. 8 km, 9,5 km, 13,5 km und 16 km, Sh. 800–920 m, gut bez.

Loipenverlauf: Von der Straße in Richtung Liebenau gleich am Ortsende links hinunter in die flache Wiesenmulde des Komaubaches. Längerer Anstieg durch ein Waldstück und nun meist in der Nähe der von Komau nach S führenden Straße mit mehreren Anstiegen und schönen Wiesenabfahrten. Nach Querung des Gemeindewaldes zwischen Haberegg und Purrath (Überschreitung der B 124, Gh. Pilz) lange und flache Abfahrt über eine riesige Wiesenfläche zur Häusergruppe Schönfeld (Abzw. einer kürzeren Loipe in Richtung Arbesbach). Der weitere Loipenverlauf nun landschaftlich wesentlich interessanter – windgeschützte Talmulden wechseln mit kurzen Steilanstiegen (besonders östl. des Arbesberges). Zuletzt die Mulde des Arbesbaches zurück nach Arbesbach und nach einer letzten steilen Querung der B 119 zum Ortsende beim Friedhof.
Die kürzere Loipe zurück von Schönfeld benützt den NS-Weitwanderweg und überquert dabei eine teils bewaldete Hügelkuppe beim Hof Buchegg; längerer Anstieg, aber schöne, mittelsteile Abfahrten.
Auch der weite Bogen nach W kann, abzw. nach 2 km beim Karlhof, über Staudenbauer und Einsiedlerkapelle abgekürzt werden.

245 Schönbach:

Inmitten einer besonders reizvollen Landschaft liegt dieser einst beliebte und bei Kunstfreunden bekannte Wallfahrtsort (Gemeindeamt Tel. 0 28 77 / 246; Hallenbad und Sauna, Sh. 731 m).

Zufahrt von Zwettl über Rappottenstein oder von Ottenschlag (siehe R 216) über Traunstein auf stets gut geräumten Straßen.
Ausrüstungsverleih – Gh. Rößl (Tel. 0 28 27 / 240), Gh. Hofbauer (Tel. 0 28 27 / 241), Sportartikel im Kaufhaus Wagner.
Sehr schöne und abwechslungsreiche Loipen, allerdings nicht ganz so schneesicher wie Bärnkopf oder Gutenbrunn, Start südöstl. der Kirche.

a) **Edelbach-Loipe:** Lg. 6 km, Sh. 660–740 m, am häufigsten begangen.

Talaus bereits nach kurzer Strecke aus der Wiesenmulde des Schönbaches auf einem Weg nach rechts abzw. und durch Wald über den Rücken nördl. des Fichtenhofes. Jenseits mittelsteile Abfahrt über eine breite Wiese zur Straße Schönbach – Pernthon. Bald danach biegt die Loipe in das überaus idyllische Edelbachtal ein, am orographisch rechten Ufer entlang bis zur „Römerbrücke" und diese überschreitend nun stets im Tal, vorbei an der Lohstampf, zurück nach Schönbach.

b) **Zum Kleinen Kamp:** Lg. 12 km, Erweiterung der Loipe a.

Von der Römerbrücke weiter entlang des Edelbaches bis zur kleinen, rechts auf einem Wiesensattel liegenden Siedlung Grub im Thale und den gelb bez. Weg hinunter zur Brücke über den Kleinen Kamp. Jenseits neben dem gewundenen Fluß (herrlicher Rückblick über das Kampfeld zu den im O aufragenden Felswänden) flußaufwärts, Querung der Lohnbachbrücke und längere Anstiege zur südl. von Lohn gelegenen Kapelle (sehr schöner Überblick über den Talkessel). Mittelsteile Abfahrt zum Kleinen Kamp, der bei der Kitzlermühle überschritten wird, und nördl. der Pestsäule mit längerem Anstieg zurück nach Schönbach.

c) **Schönbach-Loipe:** Lg. 10 km, Sh. 720–900 m, stellenweise anspruchsvoll, landschaftlich überaus lohnend.

Anfangs ziemlich lange Anstiege, vorbei an interessanten Felsgruppen, entlang des blau bez. Weges nach Dorfstadt, Querung der Straße Schönbach – Traunstein und weiterer Anstieg nach S meist über Wiesen, zuletzt etwas rechts haltend zum Weichselbaumhof an der Straße Dorfstadt – Saggraben. Nun der Straße nach W folgend (grün mark.) vorbei an Überländ und dem Jagdhaus Dorfstadt bis zum Hof Reitern, wobei ab dem Jagdhaus ein kleiner Weg westl. der Straße benützt wird (flache Abfahrt). Von Reitern sanft fallend entlang des Güterweges in Richtung Ulrichschlag ein Stück nach O und nach links drehend durch die Talmulde des Schönbaches über Wiesen und durch ein Waldstück. Zuletzt nach links zum gelb bez. Weg, der zurück nach Schönbach führt.

d) **Verbindung** zur Loipe 4 von **Gutenbrunn:** Geräumte Nebenstraße, von Stein ca. 6 km bis Hintere Waldhäuser. ÖK. 35+36.

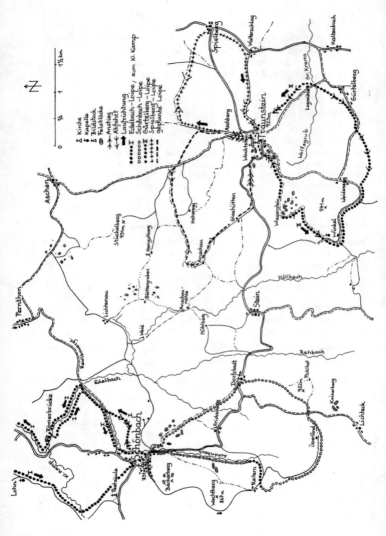

246 Traunstein:

Malerisch gelegenes Dorf unterhalb der mit bizarren Felswänden abbrechenden Gipfelkuppe des Wachtsteins (Sh. 923 m). Schöne Ausblicke bis in das Alpengebiet, in der Umgebung durch die zahlreichen „Restlinge" (eigenartige Verwitterungsform des Granits) ein großartiges Landschaftsbild.
Moderne Gh., doch dem Langlaufsport tlw. noch nicht sehr aufgeschlossen, Loipen landschaftlich sehr lohnend, aber 1983/84 nur zeitweise gespurt!
Zufahrt am besten von Ottenschlag (Westautobahn/Melk – Donaubrücke – Pöggstall).
Ausrüstungsverleih – Gh. Lang (Tel. 0 28 78 / 407), Gh. Huber (Tel. 0 28 78 / 416), Gh. Traunsteinhof (Tel. 0 28 78 / 240), Karl Teuschl (Tel. 0 28 78 / 256).

a) Spielberg-Loipe: Rot mark., Lg. 7 km, Sh. 840–920 m, meist freies Wiesengelände.

Gleich hinter der Schule steile Abfahrt über den Nordabfall des Wachtsteins („Schulberg"). Nach Querung der Straße Traunstein – Aschen beim Aschberg stets neben dem Zufahrtsweg zum Spitzhof und Dapphof. Dort rechts abzw. über den südl. Ausläufer des Hummelberges auf Wiesen und durch ein kurzes Waldstück hinüber nach Spielberg (links ein großes Torfwerk). Nun stets eben neben der Straße nach Walterschlag und auf dem NS-Weitwanderweg zurück nach Traunstein.

b) Gürtelberg-Loipe: Schwarz mark., Lg. 12 km, Sh. 820–920 m, nur im ersten Drittel Waldgebiet.

Vom südwestl. Ortsende (Gemeindeamt) stets entlang des rot bez. Weges in Richtung Brettles zunächst in flotter Abfahrt durch ein verblocktes Waldstück zu einem Straßensattel oberhalb der Wolfsgrub (Quellgebiet der Großen Krems) und rechts hinein in ein Waldstück, das fast eben, vorbei an sehr interessanten Felsgebilden (Drachenkopf, Wiegenstein), rund um die Kienberghöhe leitet. Aus dem nächsten Graben weiter durch dichten Wald sanft steigend nach W zu den einsam gelegenen Höfen Überländ und Winkl (Einkehrmöglichkeit). Nun meist in Straßennähe nach O bis zur Häusergruppe Gürtelberg, wobei südl. von Weidenegg durch eine Grabenmulde ausgewichen wird. Der letzte Anstieg ab der Lugmühle erfolgt rechts (östl.) der Straße.

c) Verbindung nach Gutenbrunn: Von Loipe b 1,5 km nach dem Winkelbauern rechts abzw. auf einer Forststraße südl. zum Roten Kreuz und weiter in gleicher Richtung durch riesige Waldgebiete zur Lichtung bei den Hinteren Waldhäusern. Einmündung in Loipe 4 von Gutenbrunn, ca. 3 km. ÖK. 36.

247 Rappottenstein:

Die auf einem Wiesenrücken zwischen Großem und Kleinem Kamp gelegene Ortschaft wurde vor allem durch die nahe gelegene, großartige Burganlage bekannt (Sh. 670 m, Gemeindeamt Tel. 0 28 28 / 240). Zufahrt von Zwettl auf B 124; Ausrüstungsverleih – Gh. Rotheneder.

Loipe Katzenbachgraben: Nicht maschinell gespurt, Lg. 7 km, Sh. 590–680 m; Start beim Waldbad (Zufahrt von der Kreuzung in Ritterkamp, 1,5 km).
Sehr schönes Waldtal, unterbrochen von reizvollen Lichtungen, im weiten Kessel des Talschlusses wird auch ein Stück am orographisch rechten Talhang angestiegen. Gelegentlich wird auch auf den flachen Hügelkuppen südl. der Schule gespurt.

248 Kirchbach:

Das malerisch in die weite Mulde des Kirchbaches eingebettete Dorf liegt wenig nordwestl. von Rappottenstein und bietet neben echter Waldviertler Dorfromantik durchwegs maschinell gespurte

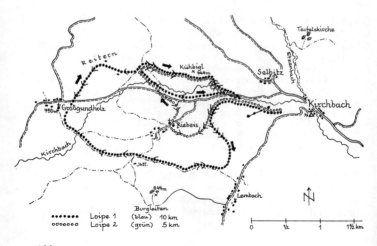

Loipen. In dem zur Gemeinde Rappottenstein gehörenden Gebiet beeindrucken weniger Granitblöcke, als vielmehr liebliche Täler mit verträumten, alten Bauernhöfen und stimmungsvollen Baumgruppen.

Ausrüstungsverleih – Talstation des Schiliftes Kirchbach.

a) **Loipe 1:** Blau mark., Lg. 10 km, Sh. 640–760 m.

Vom Liftgelände, eine Wiesenkuppe überschreitend, zunächst meist neben dem Kirchbach, nach 2 km links abzw. durch ein Waldtal hinauf zur Hochfläche nordwestl. von Lembach. Hier nach W drehend etwas eintönig entlang eines Fahrweges über Wiesen und durch Wald bis zum Ortsrand von Großgrundholz. Nach Querung der Zufahrtsstraße leitet eine sanfte Wiesenmulde mit kleinen Baumgruppen, bald wieder nach O drehend, vorbei an urigen Bauernhöfen, zurück ins Kirchbachtal. Zuletzt am orographisch linken Talhang kurzer Anstieg durch Wald Richtung Kühbigl, danach eine mittelsteile Abfahrt (Ausweichmöglichkeit entlang des Baches) und nach Querung von Straße und Bach Einmündung in den Anfangsteil der Loipe.

b) **Loipe 2:** Grün mark., Lg. 5 km, Sh. 640–740 m.

Zweigt bereits beim ersten Waldanstieg von Loipe 1 nach rechts ab, um über Wiesen und durch Wald ansteigend die Ortschaft Riebeis zu erreichen. Sanfte Abfahrt zurück ins Kirchbachtal, wo Loipe 1 vor dem Anstieg auf den Kühbigl erreicht wird.

249 Großgerungs:

Jüngst zur Stadt erhobener Marktflecken in einer weiten Wiesenmulde an einem Nebenfluß der Zwettl (Sh. 675 m). Im W und S des Ortes wird das Relief immer abwechslungsreicher, vereinzelt Steingruppen oder interessante Felsgebilde. Endstation der von Gmünd ausgehenden Schmalspurbahn über den „Waldviertler Semmering", Hallenbad und Sauna, Gemeindeamt Tel. 0 28 12 / 213.

Zufahrt – B 38 von Zwettl, B 119 von Weitra oder Arbesbach.

Ausrüstungsverleih – Schuhhaus F. Waldbauer und L. Schulmeister, Gh. Einfalt.

Das mit Langschlag zusammenhängende Loipengebiet liegt ca. 5 km südwestl. des Ortes; Zufahrt zur Einstiegstelle beim Gh. Einfalt – auf der B 119 nach S bis Kleingrundholz und bald danach oberhalb der markanten Straßenkehre rechts abzw. 2 km in Richtung Kleinwetzles.

Hochplateau-Loipe: Lg. 6 km bzw. 10 km, Sh. 820–880 m, durch abwechslungsreiches Wald- und Hügelland.

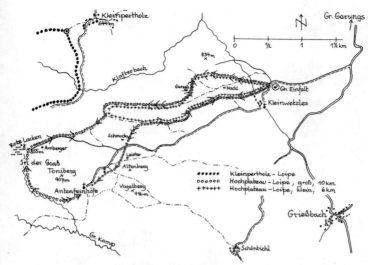

Zunächst über Wiesen ("Wetzlinger Feld") zwischen Einzelhöfen nach W zu den Wäldern des Sonderberges (zweimal Möglichkeit, durch Abbiegen nach links die Fahrt zu verkürzen!). Ab der Wetzlerer Halt sanfte Abfahrt zu den Sumpfwiesen "In der Goaß" (auch "Rote Lacken" genannt, Verbindung mit der Langschlager Loipe). Hier Wendepunkt, indem man nach S den Toniberg in Richtung Kamptal umrundet und bald wieder nach O zu den Antenfeinhöfen ansteigt. Deren Zufahrtsstraße bleibt anfangs links liegen, wird aber nach Passieren des Vogelberges und Altenberges gequert. Nach einer steilen Abfahrt über die Wiesen von Großfeld und Hausfeld zurück zum Gh. Einfalt.

Knapp vor den Antenfeinhöfen könnte man rechts abbiegend in südwestl. Richtung den Kamp überqueren (Landesgrenze) und nach längerem Anstieg durch die Kienau das riesige Tannetmoor erreichen. ÖK. 18.

250 Langschlag:

Schöner Ort in einer etwas engeren Talfurche des Quellgebietes der Zwettl (Sh. 765 m, Gemeindeamt Tel. 0 28 14 / 218). Zufahrt auf B 38 von Großgerungs.

Ausrüstungsverleih – Gh. Binder "Waldviertlerhof" (Tel. 0 28 14 / 286), Gh. Mayerhofer, bei Friedrich Amon in Langschlag 48.

Die Loipen führen sehr abwechslungsreich über Wiesen und durch Wald, zahlreiche kleine Anstiege und Abfahrten.

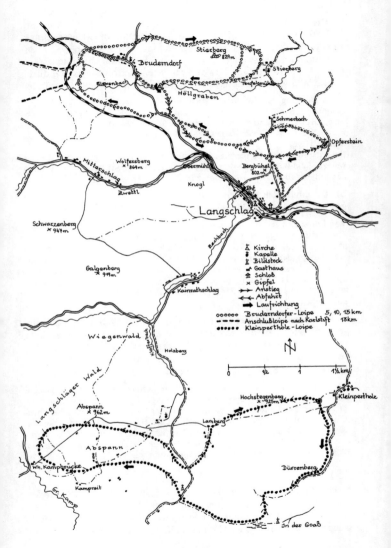

a) **Bruderndorfer Loipe:** Lg. 5 km, 10 km und 15 km, Sh. 760–800 m, nördl. von Bruderndorf, sonnig und nicht sehr schneesicher. Zufahrt zum Einstieg – am Schloß vorbei zu einer Straßengabelung und entweder rechts ca. 1,5 km zum Opferstein oder gleich links zur Pension Klosterberg. Meist sehr welliges und durch kleine Wälder recht abwechslungsreiches, unbesiedeltes Gelände.

Nach Querung der Zufahrtsstraße nach Bruderndorf ganz in die Nähe der Schmalspurbahn, wo diese jedoch nach links zum Kleinen Semmering abbiegt, rechts querend nach Bruderndorf, durch den Ort und die anschließende Mulde des Elexenbaches schließlich zurück zur Anfangsspur (kurze Steilanstiege).
Bei entsprechender Schneelage ist auch nördl. von Bruderndorf der Weiterweg zur Waldkuppe des Stierberges gespurt, mit weitem Rechtsbogen durch den stillen Höllgraben zur Loipe zurück.

b) **Anschluß nach Karlstift:** Rundkurs mit 13 km Lg., jedoch selten gespurt, landschaftlich überaus lohnend, Sh. 800–980 m.

Von Loipe a Abzw. knapp bevor man sich ganz der Schmalspurbahn nähert. Zuerst durch ausgedehnte Wälder und an einsamen Lichtungen vorbei hinüber in das Tal des Kuckucksbaches, dem hintersten Talgrund des schönen Steinbachgrabens. Dann längerer Anstieg nach links drehend zur Waldkuppe des Liesenberges, wobei die Zufahrtsstraße zum Binderhof (höchstgelegenes Gehöft nördl. der Donau!) rechts liegen bleibt. Knapp nach dem verfallenen Liesenhof Beginn der längeren Abfahrt zurück zum Ausgangspunkt auf Loipe a. ÖK. 17+18.

c) **Kleinpertholz-Loipe:** Lg. ca. 12 km, Sh. 850–940 m, stark welliges Gelände, sehr abwechslungsreich durch Wald und über freie Wiesen mit kleinen Baumgruppen. Start und Ziel 0,5 km südwestl. von Kleinpertholz, Zufahrt von Langschlag nach SO auf ca. 3,5 km langer Straße über Kehrbach.

Der erste Teil der Loipe überquert auf meist freiem Gelände die flachen Rücken von Hochstegenberg und Abspann (962 m), nähert sich nach längerer Abfahrt der Landesgrenze beim Gh. Kampbrücke und quert schließlich in östl. Richtung zurückkehrend abermals die freien Wiesen von Abspann und Bucheck. Zuletzt nähert man sich dem Sumpfgebiet „In der Goaß" (Anschluß an die Hochplateau-Loipe von Großgerungs) und kehrt durch die Wälder des Dürrenberges zum Ausgangspunkt zurück.

251 Karlstift:

Neben Gutenbrunn und Bärnkopf sicherlich ein weiteres großes Langlaufzentrum Niederösterreichs, inmitten des „Nordwaldes" gelegen, Sh. 936 m. Eigenartige Stimmungen durch die weiter südl. gelegenen großen Teiche (Höllau-, Stierhübel-, Kolm- und Mukkenteich), die weiten Moorgebiete und die abgeschiedene Lage nahe der Staatsgrenze. Am steilen Hang des Eichelberges (1054 m) das größte alpine Schigebiet des Waldviertels mit zwei Liften (160 m Höhenunterschied).

Zufahrt – B 41 von Großpertholz bzw. Sandl (aus Richtung Linz), B 38 von Großgerungs.

Ausrüstungsverleih – Hannes Junger (Tel. 0 28 16 / 217), Gh. Steinwandhütte (Tel. 0 28 16 / 245), Gh. Zeiler (Tel. 0 28 16 / 235).

Unterbringung in Gh. und Pensionen, ferner in der Gmünder Hütte (TV „Naturfreunde", Anmeldung bei Herbert Hois, Tel. 0 28 52 / 24 32).

Die N o r d w a l d - L o i p e n sind durchwegs hervorragend gespurt, häufiger Austragungsort nordischer Wettkämpfe.

a) **Stierhübelteich-Loipe:** Rot mark., Lg. 5,5 km, Sh. 880–920 m, ideale Übungsloipe für Training und Wettkampf, aber auch für den Anfänger! Start und Ziel beim Sportplatz Karlstift.

Die Loipe verläuft vom Parkplatz beim Feuerwehrdepot gegen S, zieht sich zunächst entlang des Waldrandes (teils Birken) nach SW, biegt auf einer Forststraße nach links in den Wald und kreuzt in der Nähe des Stierhübelteiches beinahe die Gegenspur (Abkürzungsmöglichkeit auf 3,5 km). 1 km weiter im S werden beim „Kohlstadel" (Unterstandshütte) die Zufahrtstraße zum Moorgebiet Große Heide und der Kolmbach gequert, ein weiter Bogen nach NO führt zurück zum Stierhübelteich (Erholungs- und Informationszentrum). Den Teich an der Westseite umgehend weiterhin durch Wald sanft steigend zum Ausgangspunkt zurück.

Lohnender Abstecher vom Kohlstadel entlang der Forststraße ca. 1,5 km nach S zum Aussichtsturm am Rand des eindrucksvollen Hochmoores der Großen Heide.

b) **Reichenau-Loipe:** Gelb mark., Lg. 10 km, Sh. 860–1000 m, stellt etwas höhere Anforderungen als Loipe a, besonders durch die Abfahrt nach ca. 3 km. Start und Ziel – Wachshütte östl. der B 38 beim Sportplatz. Überwiegend Waldstrecke (stellenweise besonders hochstämmiger, herrlicher Fichtenwald!), nur im nördl. Teil bei Reichenau ausgedehnte Wiesen mit Moorcharakter.

Nach dem ersten steileren Anstieg längere flache Abfahrt durch die dichten Wälder an der Nordseite des Binderberges. Nach Umrundung des Zwölferberges (vorher Abkürzungsmöglichkeit auf 7,5 km, rot mark.) hinaus auf die Wiesen von Reichenau. Nach Querung der Verbindungsstraße Karlstift – Reichenau erneut in den Wald und an der Nordseite des Gattringerberges querend, zuletzt links drehend mit langer Abfahrt zurück nach Karlstift.

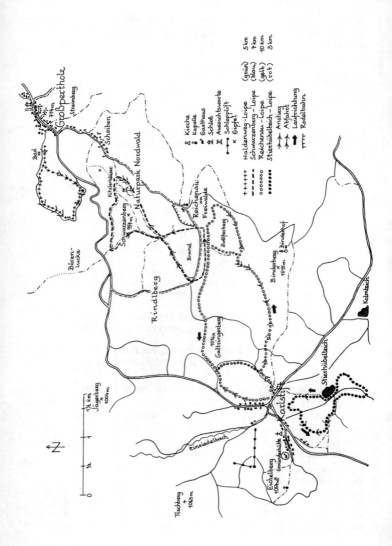

252 Bad Großpertholz:

Bekannter Fremdenverkehrsort auf der Anhöhe über dem Lainsitztal, Sh. 714 m, Kuranstalt, Hallenbäder und Sauna, Gemeindeamt Tel. 0 28 57 / 253; wenig südl. zwischen den Ortschaften Scheiben und Reichenau der sehenswerte Naturpark „Nordwald" (Aussichtswarte auf dem Schwarzenberg, interessante Felsformen, Wildgehege u. a.).
Zufahrt – B 41 von Weitra bzw. über Karlstift.
Geringere Schneelage als Karlstift, jedoch meist gut gespurte Loipen.

a) **Haldenweg-Loipe:** Lg. ca. 5 km, Sh. 720–810 m, gut bez. und gespurt, stark wechselndes Gelände, Abfahrten bei eisiger Spur nicht leicht, Wettkämpfe. Start und Ziel bei der Hauptschule.

Anfangs sanft steigend durch eine Grabenmulde hinauf zu einer Kapelle knapp unterhalb der großen Biegung der B 41 an der Naturparkgrenze. Auf einem Fahrweg mit einem weiten Bogen über W nach N drehend meist durch Wald, zuletzt über freies Wiesengelände zurück zum Ortsrand.

b) **Schwarzenberg-Loipe:** Blau mark., Lg. ca. 7 km, Sh. 850–960 m, erst im Planungsstadium (1984 nicht gespurt). Start am günstigsten von der Straßenabzw. Reichenau – Karlstift.

Umfährt den Schwarzenberg auf meist flachen Waldwegen, bei den Kitzlerhäusern schöne Ausblicke nach Großpertholz, nördl. von P. 869 m interessante Felsgruppen! Die Abfahrt hinunter nach Großpertholz bzw. zur Haldenweg-Loipe ist in meist unverspurtem Gelände ziemlich steil und nicht leicht.

253 Harmanschlag:

In einer weiten, sonnigen Wiesenmulde am Südabhang des Nebelsteins gelegenes Dorf, Sh. 740 m (Gemeinde St. Martin, Tel. 0 28 57 / 262).
Zufahrt – von St. Martin oder Großpertholz an der B 41 auf asphaltierten Straßen.
Unterkunft in modernen Gh. oder in der Nebelsteinhütte (nur zeitweise bewirtschaftet), Ausrüstungsverleih bei den Arraliften (Tel. 0 28 57 / 20 5 19).
Auf dem Ostabhang des Arrakogels Möglichkeit zu alpinem Schilauf (zwei Schlepplifte, Kunstschnee, Flutlicht, 80 m Höhenunterschied), der mehr beachtet wird als die nur tlw. gut gespurten Loipen!

a) **Ortsloipe:** Lg. 4,5 km, Sh. 760–800 m, etwas verwinkelte Routenführung, nicht ganz leicht, aber landschaftlich sehr schön.

Vom Gh. an der Zufahrtsstraße von St. Martin über Wiesen sanft steigend zu Birken am Waldrand unterhalb des Dachlsteins. Kurzer Steilanstieg zu herrlich gelegenem Rastplatz auf dem Sattel am oberen Rand der Häusleckwiese (Marterl, prächtiger Ausblick nach Großpertholz und in das Lainsitztal). Kurze Steilabfahrt und nach rechts drehend oberhalb des rot bez. Weges etwas winkelig durch dichten Jungwald und über kleine Blößen zurück zu den Wiesen östl. von Harmanschlag.

b) **Friedental-Loipe:** Lg. 3 km, Sh. 770–800 m, umrundet die große Wiesenblöße von Friedental, teils entlang des Waldrandes und durch den westl. angrenzenden Hochwald.

Zugang entweder entlang des rot bez. Weges, der vom Südrand des Ortes nach W abzw. und nach 2 km auf den Nordwald-Kammweg stößt, oder von der Nebelsteinstraße nach Querung des Baches unterhalb von Althütten nach links abzw. auf schmalem Weg zum Liftgelände des Arrakogels. Dort ist im oberen Hangdrittel nach Querung der Pisten die Fortsetzung des rot bez. Weges nicht leicht zu finden. Eine enge Waldschneise leitet zu schönem, altem Marterl, danach schräg rechts durch Wald den Hang hinunter zur oberhalb von Friedental gelegenen Waldblöße. Die hier rechts abzw. Verbindungsloipe zu den Loipen am Nebelstein führt zwischen zahlreichen Felsblöcken durch dichten Wald steil hinauf zum oberen Rand der Wiesen, die oberhalb der Zufahrtsstraße nach Althütten liegen. Wurde 1984 kaum gespurt, als Abfahrt nicht ratsam!

c) **Hochmoor-Loipe:** Lg. 4 km, Sh. 880–910 m, ähnlich der Harbacher Nebelsteinloipe.

Zufahrt zum Loipeneinstieg auf der Nebelsteinstraße über Althütten ca. 2,5 km bis zur Straßenabzw. an der scharfen Linkskurve. Hier auch Beginn eines rot bez. Aufstiegsweges zur Nebelsteinhütte.

Ein kurzes Stück nach N in Richtung Filzwiese und rechts abzw. auf einer Forststraße in den Wald. Von dieser nach 750 m links abzw. auf einen Weg, der meist durch dichten Wald die kleinen Blößen des Hochmoores (Naturschutzgebiet) umrundet und schließlich am Nordrand der Filzwiese wieder in die Forststraße einmündet.

254 Bad Harbach:

Eine aus mehreren Ortsteilen zusammengesetzte Gemeinde in der weiten Talsenke zwischen Nebelstein und Mandlstein, Sh. 680 m, nahe der Staatsgrenze. Landschaftlich sehr schön mit hügeligen Wiesenfluren, verstreut liegenden Dörfern und Häusergruppen, die

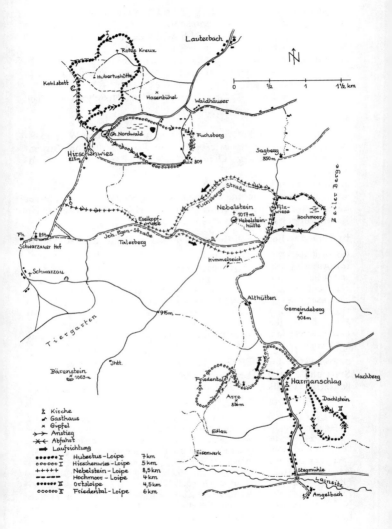

von dunklen Waldkuppen fast 300 m überragt werden. Modernes Moorbad mit Kurhaus, Tennishalle, Sauna und Hallenbädern (Gemeindeamt Tel. 0 28 58 / 214; Waldviertler Gästedienst, 3970 Moorbad Harbach, Bildbaumweg 1, Tel. 364).
Zufahrt zu den Loipen bei Hirschenwies von Weitra über Wultschau und Lauterbach (12 km), ausgezeichnet gespurte Loipen in schneesicherer Lage.
Ausrüstungsverleih – Gh. Nordwald in Hirschenwies (Tel. 0 28 58 / 237).

a) **Ortsloipe:** Lg. 4 km, Sh. 760–820 m, umrundet den Wiesenkessel des obersten Hirschenwiesbaches, durch die zahlreichen Birkengruppen fast nordisches Gepräge; Start und Ziel beim Gh. Nordwald.

Anfangs unterhalb der Zufahrtsstraße von Lauterbach nach Hirschenwies, nach Querung des Baches kurze Steilanstiege und leider auch mehrere Straßenquerungen, zuletzt schöne Abfahrt zwischen Baumgruppen und freien Wiesen.

b) **Hubertus-Loipe:** Schwarz-weiß mark., Lg. 7 km, Sh. 780–850 m.

Oberhalb des Gh. Nordwald führt die Loipe über die Landstraße mit leichtem Anstieg zur idyllisch gelegenen Steinwand. Hier rechts abzw. bald zur ersten Bachüberquerung und dem Beginn der einzigen größeren Steigung. Nach kurzer Talfahrt zweiter Bachübergang, von dort gleichmäßig ansteigend nach einer Querung des Fliehweges zum Oyhnaweg. Bei einem großen Holzlagerplatz links abzw. mit großer Schleife zurück zum Fliehweg (das Rote Kreuz wurde damit umgangen), von nun an nur mehr bergab. Nach kurzer Strecke nach links in einen Weg, der vorbei an der Kohlstatt zurück zur Steinwand führt.

c) **Nebelstein-Loipe:** Rot-weiß mark., Lg. 8 km, Sh. 860–960 m; Start und Ziel am Hirschenwieser Berg (Parkplatz auf dem Straßensattel zwischen Hirschenwies und Schwarzau nahe des Zollwach-Funkturmes).

Zuerst am Funkturm vorbei sanft steigend durch Wald hinauf zum Kahlschlag der Eselkopfwiese und weiter entlang der Johann Egon-Straße zum Parkplatz Nebelstein (Denkmal, Rastplatz; Aufstieg zur Nebelsteinhütte rot bez., 1017 m, ÖAV, 10 Min.). Knapp danach zweigt rechts der Nordwaldkammweg zu den verlassenen Häusern am „Himmelreich" ab, und schließlich wird die Straßenkreuzung (siehe Hochmoor-Loipe R 253 c) südl. der Filzwiese erreicht. Der Forststraße nach N folgend bis ans Nordende der Filzwiese und links abzw. auf der Fuchsbergstraße (schöne Ausblicke nach N und zu den Gipfelfelsen des Nebelsteins) zunächst abfahrend, dann ein längeres Stück ansteigend zurück zur Johann Egon-Straße.

255 Weitra:

Äußerst sehenswerte und gut ausgestattete historische Stadt im lieblichen Tal der Lainsitz, Zufahrt auf B 41 von Gmünd oder B 119 von Zwettl, Auskünfte Stadtamt Tel. 0 28 56 / 23 78; mark. Loipe mit 5 km Lg.

R 256 bis 260 für Ergänzungen.

ABSEITS DER LOIPEN

261 Das hohe Waldviertel vereint mehrere Vorteile für den Schiwanderer, der wegen des sanften Geländes hier natürlich ausschließlich zur Langlaufausrüstung greifen wird – besonders reizvolle Landschaftsbilder, Schneesicherheit und wegen des unwirtlichen Klimas das Vorherrschen von Wald und Grünland (in den tieferen Gebieten hingegen verbreitet Ackerland!). Eine besondere Schwierigkeit besteht allerdings in der Orientierung, daher ist besondere Umsicht geboten, wo keine mark. Wege benützt werden können. Denn auch die Landkarten sind, speziell in den Waldgebieten, nicht immer zuverlässig und die Fülle von Wegen oft verwirrend (Aufforstungen, neue Forststraßen, abgekommene Wege u. a.). Bei den nachfolgend gebotenen Vorschlägen und Hinweisen ist daher touristische Erfahrung und Ausrüstung (Spezialkarte, allenfalls Kompaß) unerläßlich, trotzdem kann manches Unternehmen noch abenteuerlich genug werden!

262 Weinsberger Wald:

a) **Poggschlag – Ulrichschlag:** Im Randbereich der Wälder zwischen Gutenbrunn und dem Steilabfall zur Pöggstaller Senke, unbez., Orientierung tlw. schwierig; Lg. ca. 20 km, Sh. 780–960 m, ÖK. 36 (Poggschlag – Neudeck – Oedhof – Ulrichschlag – Weinling – Loitzenreith – Poggschlag).

b) **Rundtour von Gutenbrunn:** Marathonwanderung auf Loipen und Forststraßen, allenfalls Nächtigung in Bärnkopf, nur für ausdauernde und orientierungssichere Läufer; Lg. ca. 45 km, Sh. 720–980 m, ÖK. 34 und 35.

Gutenbrunn – Ödteich (oberhalb Ysperklamm) – Triangel – Königswald – Wurzeben – Pfaffenstegteich – Schlesingerteich-Loipe (Bärnkopf, Loipe nach Gutenbrunn) – Zilleck – Kleines Kamptal – Prinzbach – Saggraben – Spitzwiese – Mertlteichwiese – Loipe 4 – Gutenbrunn.

263 Kamp- und Zwettlgebiet:

a) **Arbesbacher Runde:** Hervorragende Wanderung, tlw. bez. Wege, landschaftlich überaus lohnend; Lg. ca. 20 km, Sh. 720–850 m, ÖK. 35 und 18 (Loipenende R 244 – Arbesbachtal – allenfalls „Steinmeer" zwischen Loschberg und Brunn – Lohnbach, bez. Weg bis Zellersteg – Pretrobruck – Eisgraben – Höllfall – Kamptal – Gruberg – Arbesbach).

b) **Viermärkteweg:** Touristisch bedeutende Winterwanderung, rot-612 bez., aber nur tlw. für Langlauf geeignet; Lg. ca. 54 km, Sh. 600–920 m; Rappottenstein – Großgerungs – Arbesbach – Altmelon – Schönbach (Nächtigungsmöglichkeiten).

c) **Traunstein – Aschen:** Landschaftlich hervorragend (urigstes Waldviertel wie Kleinpertenschlag!) und meist auf bez. Wegen, kürzere Variante nicht besonders anspruchsvoll; Lg. ca. 20 km, Sh. 720–920 m, ÖK. 36 (und 35).

Schulberg (R 246 a) – Haberegg – (Abzw. über Stückelberg nach Aschen!) – Hengstberg – Blättergraben – Lichtenau – Pernthon – Grötschenwald – Aschen – Aschermühle – Hummelberg – Spielbergloipe.

d) **Oberrosenauerwald – Zwettltal:** Schöne, wenig schwierige Rundwanderung über Wiesen und Flußauen, tlw. bez. Wege; Lg. ca. 12 km, Sh. 620–740 m, ÖK. 18 (Großgerungs – Schnabelberg – Friedenskapelle – Steingraben – Zwettltal – Jakobihäuseln – Großgerungs).

e) **Kamptalweg – Zwettltal:** Längere Rundtour, tlw. bez. Wege; Lg. ca. 22 km, Sh. 560–720 m, ÖK. 18 (Jagenbach oder Rosenau Dorf – Schloß Rosenau – Kamptalstauseenweg – Holzmühle östl. Wurmbrand – Zwettltal – Ausgangspunkt).

264 Lainsitzgebiet:

a) **Schroffen- und Johannesberg:** Große Rundwanderung im Hügelland zwischen Großgerungs und Weitra, tlw. bez., Lg. ca. 25 km, Sh. 620–839 m, ÖK. 18 (Großschönau – Großotten – Sitzmanns – Reutberg – Schroffengraben – Antwies – Kaltenbrunnberg – Johannesberg – Kamptalweg – Großschönau).

b) **Bruderndorf – Großgerungs:** Streckenwanderung mit Bahnbenützung, tlw. auf mark. Wegen; Lg. ca. 30 km, Sh. 680–1000 m, ÖK. 18 und 17.

Schiwanderung im hohen Waldviertel
(Großpertenschlag)

Haltestelle Bruderndorf – Bruderndorfer Loipe – Verbindungsloipe R 250 b – Binderhof – Bruderndorferwald – Großes Kamptal – Gh. Kampbrücke – Langschlager Loipe – Kleinpertholz – Klauskapelle – Großgerungs.

c) **Karlstift – Großpertholz:** Streckenwanderung mit Postautoverbindung, bez. Wege durch einsame Wälder; Lg. ca. 14 km, Sh. 650–910 m, ÖK. 17 (Karlstift – Einsiedlbach – Lainsitztal – Eisenwerk – Angelbach – Großpertholz).

d) **Karlstifter Runde:** Interessante Rundtour durch die einsamen Forste des Freiwaldes, anfangs bez. Weg, dann meist Forststraßen; Lg. ca. 17 km, Sh. 840–1020 m, ÖK. 17.

Karlstift – Nordwaldkammweg – Eichelberg – Zollhaus (Staatsgrenze!) – Stadlberg – Forststraße zwischen Grenzbach und Schanzer Berg – Gugu – Kleinschöneben – Weitenbach – Große Heide – Stierhübelteichloipe – Karlstift.

e) **Zwischen Lainsitz und Mandlstein:** Schöne Rundwanderung von Weitra, wenig schwierig, romantische Tallandschaften, großteils rot bez.; Lg. ca. 14 km, Sh. 560–660 m, ÖK. 18 (und 17); Weitra – Tiefenbach – Reinprechts (Forststraße zum Mandlstein) – Wultschau – Gabrielental – Weitra.

R 265 bis 269 für Ergänzungen.

IM NÖRDLICHEN
WALDVIERTEL

270 Dieses weitläufige Gebiet umfaßt den „fernen Norden" Niederösterreichs zwischen dem mittleren Kamp und der nordwestl. Staatsgrenze. Durch die vorzüglich ausgebauten Straßenverbindungen noch in annehmbarer Entfernung von Wien gelegen, findet man hier eine eigenwillige Landschaft, die mit ihren Wäldern, Teichen und Blockfluren sowie dem sanftwelligen Relief tatsächlich einen „nordischen Charakter" aufweist. Trotz der guten Zufahrt ist daher zumindest ein Wochenendaufenthalt zu empfehlen, um von einem der zentral gelegenen, gut ausgestatteten Orte aus die verstreuten Loipen zu besuchen und die Landschaft bei Schiwanderungen noch intensiver zu erleben.

Während sich im östl. Thayatal, wo der romantische Fluß zwischen ausgedehnten Ackerflächen eingesenkt ist, bei entsprechenden Schneeverhältnissen sicher auch schöne Touren unternehmen lassen (z. B. Kollmitzberg, Kajaforst, Wild, Raabs), konzentriert sich der nordische Schisport auf den Bereich Großsiegharts – Gmünd – Litschau – Kautzen. Auch hier werden die mittleren Höhenlagen von Feldfluren eingenommen, aber manche Hochmulden und die sanften, nur geringe Höhenunterschiede aufweisenden Erhebungen sind mit Wäldern oder Blockheiden bedeckt und bieten somit für das Langlaufen günstigste Voraussetzungen.

Die relativ große Höhe (über 500–600 m) müßte sich auf die Schneelage sicher positiv auswirken, doch ist zu beachten, daß durch die Randlage gegen das Zentrum der Böhmischen Masse zeitweilig eher der mitteldeutsche Wetterbericht zutreffend ist als die Meldungen für den österreichischen Alpen-Donau-Raum! Meteorologische Eigenheiten sind relativ geringe Niederschläge (mangelnder Staueffekt durch die ebene bis flachwellige Landschaft) und das ungehinderte Zuströmen vor allem der nördl. Luftmassen (N-S gerichtete Mulden). Wegen häufiger Verwehungen im freien Gelände sind Waldgebiete und Forststraßen zu bevorzugen, allerdings ergeben sich dort häufig Schwierigkeiten mit den herrschaftlichen Grundbesitzern beim Anlegen gespurter Loipen.

In schneearmen Wintern kann es vorkommen, daß die Spurgeräte kaum eingesetzt werden können! Die Landschaft zeigt sich allerdings auch bei geringen Schneemengen und Rauhreif ganz prachtvoll, und man muß je nach Möglichkeit auf Schiwanderungen ausweichen. Als Zeit für einen Schiausflug ins nördl. Niederösterreich sind die Monate Dezember bis Februar am geeignetsten, doch ist unbedingt vor Antritt der Fahrt Erkundigung über die Schneelage bei einem der Gemeindeämter zu empfehlen.

Informationen:
Fremdenverkehrsverband Thayatal
3820 Raabs an der Thaya, Tel. 0 28 46 / 365.
Fremdenverkehrsverband Oberes Waldviertel
3950 Gmünd, Tel. 0 28 52 / 32 12.

Zufahrten:
Von Wien B 4 über Stockerau bis Horn und B 303 bis Schrems und Gmünd, kurz nach Göpfritz über Waidhofen an der Thaya (Abzw. nach Kautzen) und Heidenreichstein nach Litschau.

LOIPEN

271 Allentsteig:

Die auch als ambitionierter Erholungsort bekannte Gemeinde, im geografischen Mittelpunkt des Waldviertels und am Rand des Truppenübungsplatzes gelegen, bietet drei mark. und vorgespurte Loipen – Lg. 5 km, 15 km und 20 km, Sh. 560 m.
Ausrüstungsverleih – Gh. Johann Böhmer, Hauptstraße 33.
Zufahrt – bei Göpfritz von der B 303 abzw.
Auskünfte – Stadtgemeinde, Tel. 0 28 24 / 310.

272 Pölla:

Die zwischen dem Horner Becken und der zentralen Hochfläche gelegene Gemeinde (Sh. 475 m) verfügt über eine mark. Loipe von 8 km Lg.
Zufahrt – von Horn über Altenburg – Fuglau.
Ausrüstungsverleih – Gh. Friedrich Obenaus, Neupölla 12, Tel. 0 29 88 / 249.

273 Schrems:

Die östl. von Gmünd gelegene Industrie- und Fremdenverkehrsgemeinde bietet eine mark. und vorgespurte Loipe von 5 km Lg., Sh. 532 m; Ausgangspunkt beim Sportzentrum – Moorbad, wechselndes Wiesen- und Waldgelände (Auskünfte Gemeindeamt Tel. 0 28 53 / 454).

274 Hoheneich:

Der mit vorzüglichen Fremdenverkehrsbetrieben ausgestattete Wallfahrtsort im von zahlreichen Teichen durchsetzten flachen Waldgebiet östl. von Gmünd bietet zwei zusammenhängende, mark. und vorgespurte Loipen mit 2,5 km und 3,5 km Lg., Sh. 490–520 m.

Ausrüstungsverleih – Erich Meixner, Gh.-Pension Schmutz, Marktplatz 90, Tel. 0 28 52 / 23 46; Langlaufunterricht – Schilehrer Erich Meixner, Mitterteichstraße 258.

Ausgangspunkt – beim Parkplatz in einer Seitengasse der Pürbacher Straße nahe der Kreuzung am südl. Ortsrand (Start – Ziel, Wachshütte, Leihschi). Die beiden Loipen umrunden die Wiesenflächen östl. und westl. des Ortes zwischen dem Waldrand nahe dem Mitterteich, dem Windbergwald und dem Galgenberg am Elexenbach.
Laufvorschlag – eine Runde auf Loipe I, dann zweite Runde mit Auslaufen der Loipe II, insgesamt 8,5 km.

Lohnende, ungespurte Wanderung durch den **Hoheneicher Wald** – von Loipe I zum Mitterteich und entlang der Forststraße zum Ulrichsteich, südl. über die Bahn und rechts abzw. wieder zu einem Bahnübergang und links haltend nahe dem Holzteich vorbei zur Loipe I (ca. 4 km).

275 Litschau:

Die am romantischen Herrenteich gelegene Grenzstadt ist nicht nur eine beliebte Sommerfrische, sondern verfügt auch über einen Langlaufklub und ein Loipengelände bei den auf der östl. Berghöhe gelegenen Dörfern.
Ausgangspunkt – am östl. Ortsrand von Loimanns (weiterer Einstieg in Reitzenschlag), Zufahrt von Litschau Richtung Eisgarn.
Ausrüstungsverleih – Hubert Grabenhofer, Loimanns 71, Tel. 0 28 65 / 629; Herr Kreuzwieser, Reitzenschlag 10.

a) **Loipe Loimanns – Reitzenschlag:** Mark. und vorgespurt, Lg. ca. 6 km, Sh. 600–560 m; Übungsschleife östl. von Loimanns mit ca. 2 km Lg., je zur Hälfte freies Gelände bzw. Wald, weitläufig wechselnde Neigung.

b) **Schiwanderweg Bürgerwald:** Eine sehr schöne Langlaufmöglichkeit durch interessantes Waldgelände mit mehreren Teichen zwischen Loimanns und der alten Reichsstraße, bei guter Schneelage gespurt, ohne Spur Orientierung nicht leicht (ÖK. 5 und 6); Lg. ca. 8 km, stets entlang von Fahrwegen.

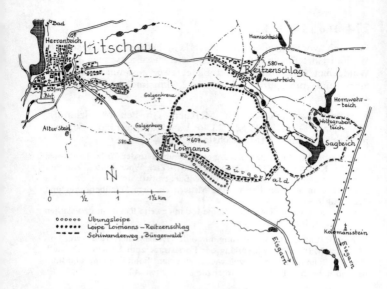

○○○○○○ Übungsloipe
●●●●●● Loipe Loimanns – Reitzenschlag
- - - - Schiwanderweg „Bürgerwald"

Von der Kuppe am Ostrand von Loimanns (607 m) östl. hinab in die Bachmulde und über die Waldhöhe hinweg zur Loipe südl. von Reitzenschlag (576 m). Man folgt aber nun dem am Waldrand verlaufenden Güterweg über den Bach hinweg zum Sagteich, diesen entlang zum Wolfsgrubenteich und vor dem Hornwehrteich nach Osten bergan zur Lärchenallee der zum Grenzübergang Grametten verlaufenden Straße (588 m). Gleich wieder rechts abzw. gegen den Sagteich hinab und durch die Bachmulde querend zur Loipe im Bürgerwald, die zurück nach Loimanns führt.

276 Heidenreichstein – Eggern:

Die hübsche Kleinstadt in der Mulde des Romaubaches wird trotz der geringen Höhenunterschiede (rund 50 m) von einer abwechslungsreichen Landschaft umgeben (im O die mit Teichen durchsetzten Waldhöhen als Ausläufer des Reinberg-Rückens).
Ausrüstungsverleih – Sporthaus Erhart, Jägergasse 7–9, Heidenreichstein, Tel. 0 28 62 / 21 63.

a) **Romau-Loipen:** In der sonnigen, trotz des freien Geländes etwas geschützten Mulde zwischen Heidenreichstein (561 m) und Eggern (578 m) werden nahe dem Romaubach drei Loipen mark. und vor-

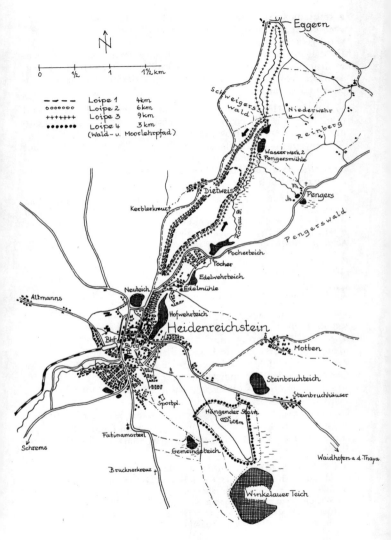

gespurt, die in Schleifen mit 4 km und 6 km (bis zu den kleinen Teichen bei der Pengersmühle, Wasserwerk 2) bzw. 9 km Lg. (bis Eggern) gelaufen werden können.
Einstiegmöglichkeiten – nach der Kreuzung der Straße Heidenreichstein – Kautzen, am östl. Ortsrand von Dietweis und in Eggern. Reizvoll sind besonders die Waldränder bei den kleinen Teichen und entlang der stellenweise sumpfigen Talmulde!

b) **Um den „Hängenden Stein":** Runde durch den Gemeindewald mit 2,5 km Lg., Sh. ca. 600 m, durchwegs Forststraßen des Lehrpfades in flachen Nadelwäldern bis zum Winkelauer Teich.
Ausgangspunkt – Parkplatz des Wald- und Moorlehrpfades an der Straße Heidenreichstein – Waidhofen (2 km vom Ortszentrum). Interessante naturkundliche Hinweise, besonders reizvoll bei Neuschnee oder Rauhreif!

Lohnend ist der ungespurte Abstecher zum **Gemeindeteich** (Wegweiser); vom weiterführenden Fahrweg (Thayataweg Nr. 630) auf unbez. schmalen Waldwegen über eine mit lockerem Föhrenwuchs bestandene Höhenkuppe zurück zur Forststraße mit der Loipenspur (ca. 2 km).
Achtung – abseits der bez. Wege etwas schwierige Orientierung!

277 Kautzen – Reinberg:

Die nördl. von Waidhofen an der Thaya, nahe der Staatsgrenze gelegene Fremdenverkehrsgemeinde Kautzen (Gemeindeamt Tel. 0 28 64 / 22 41) verfügt im hochgelegenen Reinberg-Dobersberg über eine bemerkenswerte Loipenanlage.
Zufahrt – von Heidenreichstein über Eggern; von Waidhofen über Gastern, Weißenbach und Kautzen.
Ausrüstungsverleih – Gh. Franz Kainz, Reinberg-Dobersberg 23, Tel. 0 28 64 / 24 05 05.
Gespurt werden eine Übungsloipe (blau mark.), beim Start mit 600 m Lg., eine Loipe (schwarz mark.) mit 5 km Lg. und beim Auslaufen einer Verlängerungsschleife (rot mark.) mit 7 km; Sh. 585–615 m.

Das Gelände liegt am Nordende des Reinberg-Rückens (Hauptwasserscheide zwischen Lainsitz und Thaya bzw. Elbe und Donau!), einer Folge reizvoller und aussichtsreicher, aber auch wetterausgesetzter Höhenkuppen mit Wiesen, kleinen Hochmooren und verstreuten Gehöften (zu den Herrschaften Dobersberg, Litschau und Heidenreichstein gehörend), die vom Reinberger- und Pengerswald abgeschlossen werden.

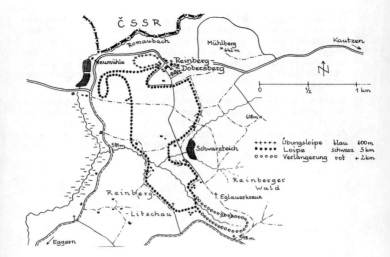

Das lohnende und windgeschützte Langlaufgebiet im **Reinberger Wald** darf leider nicht gespurt werden, daher nur Möglichkeit zu Schiwanderungen: Von der Wende der langen Loipe auf dem Waldweg rechts haltend zur Häusergruppe „Alm" und über die Almhäuser bis vor Engelbrechts. Hier links in die Mulde und westl. über die ausgedehnten Waldhöhen (618 m) den Fahrwegen entlang Anschluß zur Loipe nach der Schwarzteichbreiten (ca. 6 km), Orientierung nicht leicht, ÖK. 6 vorteilhaft!

278 Waidhofen – Dietmanns:

Zwischen Großsiegharts und Waidhofen an der Thaya erheben sich als ausgeprägte Höhenrücken die Wieninger Berge (Predigtstuhl 718 m), schöne Hochwälder auf den rundlichen, nur vereinzelt etwas steiler abfallenden Kuppen und Kammzügen, von den randlichen Lichtungen (z. B. Georgenberg) prachtvoller Blick über das freie Hochland und in den Thayaboden.

a) **Waidhofner Loipe:** Mark. und vorgespurt werden zwei Loipen mit 4 km und 8 km Lg., Sh. 620–680 m.
Zufahrt von der Waidhofner Straße über Ulrichschlag Richtung Götzles zum Schilift. Ausrüstungsverleih – Intersport Ruby, Böhmgasse 30, Tel. 0 28 42 / 21 36.

Die Anlage befindet sich in bewaldetem Höhengelände mit wechselnder Neigung auf mark. Wanderwegen (Waidhofner Rundwanderweg Nr. 18). Ausgangspunkt – Bergstation des Schleppliftes (681 m) bzw. Straßensattel zwischen Götzles und Dietmanns (659 m). Entlang der blauen Mark. über den Seifriedswald und Sieghartser Berg (688 m) nach Georgenberg (646 m, „Künstlerklause"). Zurück zum Ausgangspunkt auf der roten Mark. des Kuenringerweges Nr. 611.

b) **Dietmannser Loipe:** In der Gemeinde Dietmanns (Tel. 0 28 74 / 464) wird rund um den tlw. bewaldeten Buchberg eine Loipe von 5 km Lg. gespurt, Sh. 620 m; Start vom Gemeindehaus zur Schiwiese mit dem Schlepplift.

Zufahrt – von Waidhofen (vom Schilift Götzles) oder von Großsiegharts (ab Göpfritz von der B 303); Ausrüstungsverleih – Ludwig Wais, Raabser Straße 10, Großsiegharts.

R 279 bis 284 für Ergänzungen.

ABSEITS DER LOIPEN

285 Vom Gelände her unterliegt der Tourenlanglauf im nördl. Waldviertel keinen Beschränkungen, wenn man die von Forststraßen durchzogenen Wälder und die hochgelegenen Grünlandgebiete aufsucht (die weitflächigen Mittellagen mit ihren Ackerfluren sind zu einförmig und wären nur bei selten vorkommender hoher Schneelage passierbar!). Die Höhenkuppen sind allerdings oftmals durch Verwehungen beeinträchtigt, und in den Wäldern wird wegen der tlw. schwierigen Orientierung die Benützung mark. Wege bzw. der entsprechenden Spezialkarten dringend empfohlen!

286 Umgebung von Gmünd:

a) **Hoheneicher Wald** – siehe R 274.

b) **Blockheide:** Rundstrecken entlang der mark. Wanderwege (Hinweistafeln bei den Parkplätzen in Grillenstein und Großeibenstein), Lg. 3–5 km, Sh. 485–550 m; wenig geneigtes offenes Gelände, bei windigem Wetter besser auf dem geschützten Kirchenwald- und Herschenberger Weg im östl. Waldgebiet (Planskizze im Prospekt von Gmünd bzw. des Naturparks).

c) **Hartbergwald:** Rundkurs auf Forststraßen zwischen Schrems und Amaliendorf (Wackelstein, Weitwanderweg Nr. 07 – 630), günstiger Ausgangspunkt beim Forsthaus Eugenia; Lg. ca. 7 km, Sh. 530–560 m, ÖK. 5.

287 Rund um Litschau:

a) **Zwischen Herrenteich und Haugschlag:** Wandervorschlag des Langlaufklubs Litschau, landschaftlich tlw. hervorragend; weniger technisch als bezüglich Ausdehnung und Orientierung schwierig, Lg. ca. 20 km, Sh. 521–619 m, ÖK. 5 und 6.

Loimanns – Richtung Reitzenschlag – Hörmanns – Josefsthaler Straße – Brennesselberg – Burgerteich – Türnau – Untersaaß – St. Peter – Schandachen – Reitzenschlag – Loimanns.

b) **Rundwanderweg:** Sportlich anspruchsvoller und landschaftlich reizend, bez. Wege, stärker wechselnde Neigung, Wald und offenes Gelände; Lg. 15 km, Sh. 530–580 m, ÖK. 5.
Schloß Litschau – Kufsteinteich – Dreieck – Schlag – Schläger Wehr – Schneiderbühel – Richterteich – Dachsengraben – Kainraths – Litschau.

c) **Weitwanderweg:** Schöne Streckenwanderung auf bez. Wegen mit Bahnbenützung, nur tlw. im Wald, vielfach wechselnde Neigung, aber kaum schwierig; Lg. ca. 7 km, Sh. 510–570 m, ÖK. 5 (Bahnhof Litschau – Kibitzhäuser – Reichenbach – Hst. Gopprechts).

d) **Schiwanderweg** – siehe R 275 b.

288 Über den Reinberg:

Rundwanderung über den wunderschönen freien Höhenrücken, ein landschaftlicher Höhepunkt des Gebietes; Lg. ca. 16 km, Sh. 578–644 m, leicht wechselnde Neigung, bei guter Sicht unschwierige Orientierung, ÖK. 6.

Von Eggern (Zufahrt von Heidenreichstein, Waidhofen oder Eisgarn) nordöstl. durch eine seichte Mulde hinauf nach Reinberg-Litschau (Hofgruppe mit Kapelle, 604 m). Nun den Höhenrücken nordwärts entlang, bis man die Loipe R 277 und auf dieser Reinberg-Dobersberg mit dem Gh. Kainz erreicht. Auf dieser Loipe in Gegenrichtung am Schwarzteich vorbei bis zur Wende der langen Schleife beim Sattel 598 m. Hier südl. den Fahrweg entlang, über Straße (Eggern – Gastern) und auf die höchste Kuppe des Reinbergs (644 m). Südl. weiter über Reinberg-Heidenreichstein bis vor den riesigen Pengerswald und westl. über Niederwehr hinab zur Romauloipe R 276 a und auf dieser rechts zurück nach Eggern.

289 Wolfsegger Höhe:

Sehr hübsches Einzelhofgebiet südöstl. von Heidenreichstein; Ausgangspunkt der Runde ist Seyfrieds, dorthin sehr lohnend vom Gemeindeteich R 276 b auf dem Thayatalweg (2,5 km ab Parkplatz Lehrpfad); Lg. 10 km, Sh. ca. 600 m, geringe Höhenunterschiede, ÖK. 6.

Vom Südrand des Winkelauer Teiches am Schwarzenberg vorbei den rot – 630 mark. Thayatalweg entlang nach Artholz. Vom Ortsende südwestl. am Haltberg vorbei einen Fahrweg entlang zum Südende des Wolfsegger Rückens, den man nun neben der Straße rechts weiter verfolgt. An den Brandhäusern vorbei zurück nach Seyfrieds bzw. bei der Häusergruppe Spindelgraben rechts das Bächlein entlang zum Winkelauer Teich.

290 Über die Sieghartser Berge:

Große Überschreitung der auch Wieninger Berge genannten Waldhöhen (mit Bahnbenützung), mark. Wege, aber wegen stärkerer Neigung und Baumwuchs tlw. anspruchsvoller; Lg. ca. 18 km, Sh. 518–718 m, ÖK. 7.

Haltestelle Schönfeld/Kirchberg – Georgenberg (646 m) – Waidhofner Loipe (R 278 a, Rundwanderweg Nr. 18, blau mark.) – Sieghartser Berg – Straße oberhalb von Götzles – Kuenringerweg (bis zum Endpunkt rot – 611 mark.) – Bründlkapelle – Predigtstuhl (718 m, am Kamm weiter und die prächtigen Felsklippen am Wegverlauf umgehend hinab zu einem Fahrweg oder schon der ersten Abzw. Richtung Dietmanns folgend steiler südl. hinab zum Querweg, dem man links folgt) – Wienings – Weinern (Bahnverbindung zum Ausgangspunkt).

R 291 bis 295 für Ergänzungen.

IM WEINVIERTEL

296 Infolge der geringen Seehöhe (höchster Gipfel mit 491 m ist der Buschberg in den Leiser Bergen!) sind auch die Schneeverhältnisse sehr spärlich. Nur bei kalt-feuchter Nordostströmung kann man an wenigen Wintertagen mit Möglichkeiten für den Schilauf rechnen.
Das Gelände auf den eher sanft geneigten, durch Wälder vor Verwehungen geschützten Höhenrücken ist aber für Schiwanderungen ebenso geeignet wie die flachen Strecken entlang der Talauen. Keine gespurten Loipen, in die von Wien aus rasch erreichbaren großen Waldgebiete führen für Langläufe recht lohnende Forststraßen.
Touristische Hinweise – siehe: Baumgartner/Tippelt, Wandern in Niederösterreich!

297 Wolkersdorf:

Vom Parkplatz bei der Schloßparkhalle (Ausrüstungsverleih) auf bez. Forststraßen in den Hochleithenwald, Sh. 176 m, Auskunft – Gemeindeamt Tel. 0 22 45 / 24 01.

298 Wandervorschläge:

a) **Über die Leiser Berge:** Touristisch hervorragende Überschreitung von Ernstbrunn nach Asparn an der Zaya (Bahnverbindung), Lg. ca. 15 km, tlw. schwieriges Waldgelände, aber auch freie Kammrücken und Ackerflächen, ÖK. 24.

b) **Im Rohrwald:** Vom Gh. Goldenes Bründl vom Waldlehrpfad über die Berghöhe in das Wiesenbachtal und zurück zum Ausgangspunkt, ÖK. 40, Besteigung von Michelberg und Waschberg!

c) Weitere Hinweise – Marchauen, Oberes Pulkautal, Kreutwald, Manhartsberg, Rund um Falkenstein u. a. (siehe Wandern in Niederösterreich).

STICHWORTVERZEICHNIS

Die Angaben beziehen sich auf die Randzahlen!

Albrechtsberg 219, Allentsteig 271, Almesbrunnberg 35 c, Altmelon 243, Amaliendorf 286 c, Annaberg 99, 112, 123, 125, Arabichl 69, 70, Araburg 93, Arbesbach 244, 263

Bärnkopf 242, 262, Berndorf 7, Bichleralm 123, Blockheide 286 b, Bodenwiese 43, Brand-Laaben 5, 13, Brandmäuer 114, Brandstätterkogel 234 b, Bruderndorf 250, 264, Bucklige Welt 65, 73, Burgstein 229 b

Dietmanns 278 b, Dorfstetten 229, Dürrenstein 168, Dürre Wand 40, Dunkelsteinerwald 236

Ebenwald 87, 96, 97, Egelsee 233 c, Eggern 276, 288, Erlaufloipe 113, Ertl 289, 202

Fadental 123, Feistritzsattel 69, 71, Feldwiesalm 162, 164, Ferschnitz 185, Feuchterberg (Hallerhaus) 43, Frankenfelsberg 106 e, Friesling 154, Furth/Triesting 35 a, Furtner-Loipe (Rohr) 23

Gablitz 8, Gaming 138, 139, 152, 156–159, Gahns 43, Gamsstein 175, Gemeindealpe 162, Gföhl 221, Gföhler Alm 160, Gmünd 286, Gösing 114, 125, Göstling 141, 171, 173, Grainbrunn 218, 232, Gresten 137, Grestnerhöhe 200, 201, Grimmenstein-Hochegg 53, Grössenberg 39 c, Großgerungs 249, 263, 264, Großpertholz 252, 264, Grubberg 157, 158, Grünbacher Berge 42, Gscheid/St. Aegyd 84, Gutenbrunn 241, 262, Gutenstein 26

Harbach 254, Harderkogel 69, Harmannschlag 253, Hartberg 73, Haugschlag 287, Hegerberg-Hochstraß 13, Heidenreichstein 276, 289, Hengstberg 234 c, Hennesteck 125, 126, Hiesberg 235, Hinteralpe 95, Hirschenwies 254, Hochalm 156, Hochberneck 136, 151, Hocheck 35 a, Hochegg 53, Hochkogel-Hochbirat 199, Hochneukirchen-Gschaidt 57, 73, Hochreit 171, Hochstaff 97, Hochwechsel 70–72, Höhenberg 94, Hohenberg 86, Hoheneich 274, Hohe Wand 25, Hollenstein 143, 173, Hutwisch 73

Jauerling 231, Joachimsberg 124, Johannesberg 264 a

Kaltenberg 73, Kaltenleutgeben 6, 12, Kampalpe 67, Kampstein 71, Karlstift 251, 264, Kasten 13, Kautzen 277, Kerschenberg 198, Kettenluß 42, Kiensteiner Öde 96, Kilb 184, Kirchbach 248, Kirchschlag/Waldviertel 215, Klammhöhe 5, Klauswald 127, 136, 151, Kleinpertenschlag 243, Kleinpertholz 250, Kleinzell 87, Königsberg 143, 174, Kollmitzberg 234 a, Kreuzberg 66, Kuhschneeberg 41, Kukubauerwiese 14

Laaben 3, 13, Lackenhof 139, 159–161, Lahnsattel 85, Laimbach 213, Langschlag 250, Lassing 141, Lassingtal-Loipe 112 b, Leiser Berge 298 a, Lichtenau 220, Lichtenfleck 233 b, Lilienfeld 95, Litschau 275, 287, Lunz/See 140, 169

Mamauwiese 26, 41, Mariensee 54, Marienseer Schwaig 72, Mitterbach 113, Mönichkirchen 56, Münichreith 214, 230

Naßwald-Neuwald 44, Nebelstein 254, Neuhaus 165, 166, Neuhofen 203 c, Neukirchen 230, Neustadtler Platte 234, Nöchling 211, Nordwald-Loipe 251

Oberamt 153, Oberndorf 203 a, Ochsattel-Geißrücken 39 b, Ötscher 139, 162, 163, Oistal 165, 166, Ostrong 230, Opponitz 144, 176, Ottenschlag 216, Ottenstein 222

Pax 39 d, Pielachtal 106, Pockau 152, Pölla 272, Preiner Gscheid 67, Preßbaum-Pfalzberg 4, Prolling 155, Puchberg 27, Puchenstuben 114, 127, Purgstall 197, 203 b, Purzelkamp 232

Rainstein 196, Rappottenstein 247, Rastenfeld 222, Raxalpe 28, 45, Reichenau-Rax 28, Reinberg 277, 288, Reith/Annaberg 112 b, 125, Reitzenschlag 275, Rohr/Gebirge 22, Rohrwald 298 b, Rosenau 263, Rotalm 124, Rotwald 167

Sabel 123, 124, Sallingberg 217, 232, Semmering 52, 67, 68, Seitenstetten 203 e, Sieghartser Berge 290, Sonnleitsteingruppe 44, Sonntagberg 201, Scheibbs 196, 197, Scheiblingberg-Loipe 112 a, Schindelberg 158, Schlagerboden 106, 196, Schönbach 245, Schrattenbach 42, Schrems 273, 286 c, Schwarzatal 39, Schwarzau/Gebirge 24, 39, Schwarzensee (Sport-Husar-Loipe) 3, Schwarzlucken 154

St. Aegyd am Neuwald 83, 98, St. Anton/Jeßnitz 136, St. Corona/Wechsel 55, St. Georgen/Reith 142, St. Leonhard/Walde 186, 199, 201, St. Oswald 212, 229, St. Peter/Au 187, St. Sebastian-Mariazell 113, St. Valentin 190, Steinbach 170, Steinbachmauer 169, Steinfeld-Loipen 29, Steyersberger Schwaig 70, Stössingtal 13, Stuhleck 68, 71

Tirolerkogel 122, Traisenberg 98, Traunstein 246, 263 c, Türnitz 82, 99

Ulrichschlag 262, Unterberg 38, Urlbach-Runde 202

Viermärkteweg 263 b, Vöslau 3

Waidhofen/Thaya 278, Waidhofen/Ybbs 145, Wallsee 203 d, Walster 123, Wastl/Wald 114, 125, 126, Waxeneck 35 b, Weinsberger Wald 262, Weistrach 188, Weiten 230, Weitra 255, 264, Werasöd 39 a, Wienerbruck 112 c, 124, Wiener Neustadt 29, Wienerwald-Loipe 2, Wienerwald-Touren 11, 14, Wieninger Berge 290, Wiesfleck 73, Wolfenreith 233 a, Wolfsegg 289, Wolkersdorf 297

Ybbsitz 153–155, 200, Yspertal 230

Zellerrain 164, Zürner 156

Abkürzungen

Abzw.	Abzweigung
abzw.	abzweigen(d)
bez.	bezeichnet
Gh.	Gasthof, Gasthaus
Hst.	Haltestelle
Lg.	Länge
Mark.	Markierung
mark.	markiert
N	Norden
nördl.	nördlich
O	Osten
östl.	östlich
S	Süden
Sh.	Seehöhe
südl.	südlich
Tel.	Telefon
tlw.	teilweise
W	Westen
westl.	westlich